河 湟 藏 珍

民族民俗文物卷

青海省博物馆　青海民族博物馆　编著

祝　君　主编

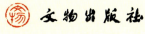

文物出版社

《河湟藏珍·历史文物卷》编著委员会

主　　编　祝　君

副 主 编　王国道

编　　委　李琪美　岳永芳　韩　英

文物摄影　付　平　吴海涛

青海省博物馆
Qing Hai Province Museum

河湟藏珍

·民族民俗文物卷

青海省博物馆
青海民族博物馆

编著

参考文献
后　记

概　述

（一）青海世居民族的形成和发展

地处黄河上游的青海是祖国一个十分可爱的地方，这里山川秀美，物产丰富，水草丰盛，牛羊遍野。长期以来境内民族更迭变迁，经过漫长的历史发展，逐渐形成了今天的民族与文化格局。世居青海的主要民族有汉族、藏族、土族、蒙古族、回族、撒拉族等，其先民大都有从它处迁徙青海的历史。来自不同地域的各民族先民，将其原生地的习俗带到了青海，并和青海的本土文化相互整合，产生了新的文化类型，使青海的民族与民俗文化异彩纷呈。

青海东部地区的河湟谷地，地势较低，气候温和，土地肥沃，宜于农耕，自古就是青海的农业区。昆仑山麓、三江源头、青海湖畔、祁连山下水草丰美，草原辽阔，是我国三大牧场之一。根据考古发现，大约在二万多年以前，人类就开始在这里繁衍生息，用他们勤劳的双手揭开了青藏高原古人类文明的序幕。新石器时代，这里农耕经济发展，孕育了光辉灿烂的史前彩陶文明。到了夏、商、周时代，活动在我国西部古代民族之一的羌人，除农耕经济外，在青海高原地区"逐水草而居"，过着游牧生活，从事原始的畜牧及狩猎业。这种亦农亦牧的经济形式一直延续到了汉代。

西汉时期，随着中央政权对青海东部河湟地区的经营和开发，青海纳入了中原封建王朝的郡县体制，在青海东部设置郡县。同时大量内地汉人陆续通过戍边、屯垦、任官、经商等活动进入青海，将牛耕铁犁、冶铁等中原先进的手工业技术传入青海，推动了青海政治经济文化的发展。大量砖室墓及汉、晋时期的画像砖，灰陶灶、釉陶仓、釉陶井等随葬冥器及藏俗的发现，"西海郡虎符石匮"、"汉三老赵宽碑"等的出土，是汉王朝治理青海的珍贵实物资料。

公元前3世纪及其以后，北方小月氏、匈奴别种卢水胡等草原游牧民族的部分成员相继移牧青海，"匈奴金牌饰"、"汉匈奴归义亲汉长印"等，这些文物见证了当时古代民族在青海的迁移发展过程。自此，青海地区古代各民族交错杂居，交流融合的局面就开始出现了。

公元3世纪末，驰骋于我国东北辽河平原的鲜卑族慕容氏吐谷浑率部从辽河平原出发，金戈铁马，辗转阴山、甘南大地，最后来到青海高原，其子孙叶延在今青海、甘肃、四川、新疆四省区的广大地域内建立了强大的吐谷浑王国，立国350年。同时，西鲜卑秃发部（拓拔部）一度在青海乐都、西宁建立了南凉政权。公元663年吐谷浑被吐蕃攻灭，从此，长期处在吐蕃的统治之下。

唐宋以后，吐谷浑人在融汇羌人、汉人、吐蕃等的基础上，吸收蒙古

汉代　虎符石匮

唐代　三彩马

元代 至元通行宝钞

族、藏族的一些因素，最后形成了今天的土族。

公元7世纪初，唐朝建立，同时吐蕃兴起，松赞干布统一西藏高原，逐步东迁，破党项、吞白兰，进而攻灭吐谷浑进入青海。这一时期原居青海的羌人、鲜卑人和部分汉人融入吐蕃中，后来逐步发展形成今天青海的藏族。藏族作为青海古老的世居民族，分布在青海全境。元代的藏族大部分以部落为单位进行政治、经济活动。青海东部的藏族人民兼营农牧，分布在环湖地区和青南草原的藏族主要从事牧业生产，过着逐水草而居的游牧生活。

蒙古族进入青海大约从元代开始。公元1226年，成吉思汗率军驻扎河西走廊，次年灭西夏，占河湟，有相当一部分蒙古人留住青海。明、清时期，驻牧南疆的蒙古和硕特部、内蒙古的土尔扈特部、喀儿喀部等相继进入青海高原，构成了今天青海蒙古族的核心。

青海回族的先民在唐代就已进入青海(称西域回回)，丝绸辅道"青海道"的开辟，为中亚、西域的穆斯林进入并留居青海创造了条件。公元1332年，元朝封速来蛮为西宁王，属下的大批西域亲军及随军人员、工匠、商人、学者、传教士等，与以前来此贸易的中西亚商人一起驻守或屯田于青海河湟流域。特别是明清时期，青海的回族有了较大规模的发展，他们在发展过程中，不断吸收和融合当地一些其他民族成分，发展壮大，成为青海回民的最早先民。

与此同时（公元13世纪前半叶），在蒙古军西征时，受到蒙古贵族的征讨被迫"签发"的西突厥乌古斯部落中撒鲁尔部的一支，在其首领尕勒莽和阿合莽率领下，从中亚撒马尔罕，经吐鲁番、肃州，一路辗转到达青海循化县境内定居下来，在吸收了藏、回、汉等民族成分的基础上发展成今天的撒拉族。

元代以来，青海多民族聚居、共融发展的格局已经形成。各民族在青海这片广袤的土地上不断融合、繁衍生息，用自己的智慧和辛勤的双手，共同开拓建设着这片富饶美丽的地方，以卓越才能创造出了悠久的历史和多姿多彩的民族民俗文化。

二、绚丽多姿的民族民俗文化

民俗，中国古代称之为风俗。古语说"十里不同风，百里不同俗"，"观风俗知得失"。因此，风俗是看的见、讲得出的一种实际生活情景，是活的文化，它立体化地展现于生活的方方面面，是人们日常生活中反复出现、相沿成习，被一个地区或一个民族共同遵守的生活方式和思考方式。民俗的内涵丰富多彩、具有浓郁的地方特色。民俗还是民族文化的有机组成部分，是反映一个民族精神面貌、生活状态、文化特点的最直接的重要基础。

西宁北禅寺

民俗包括民众中传承的物质文化，如衣、食、住、行、习俗、生产、交易等，也包括民众中传承的社会文化现象，如家庭、家族结构、婚丧礼仪等。同时，民俗还包括民众传统的思维方式、心理习惯，如民间信仰、岁时、节日习俗，以及各种语言艺术、游艺竞技习俗等。它沿袭着最古老的传统，在民族的形成和发展中创造，是人类生活的原生态记忆，具有鲜活的民族标志，是本民族与自然和社会相互作用的实践中形成的集体智慧的结晶。

西宁东关清真大寺

民族民俗文物是对民族历史和民族文化进行完整而又生动形象记录的最佳见证物。它既有物质文化遗产，如生产工具、生活用具、服装服饰、工艺美术、宗教用品、礼器乐器等；也包含着大量非物质文化遗产，即民族语言文字、文学艺术、节日庆典、婚丧礼俗、宗教仪式等。它是不同时代社会生产、社会制度、社会生活的直观反映。民俗文物不但能见证历史、见证民族本身发展的历史过程，而且也能通过这些实物的保存和传承，将其中有益的民族民俗文化发展并继续发扬光大。

从青海各民族的来源看，有来自中原的汉族，有来自蒙古高原的蒙古族，有来自中亚的西域回回、西突厥（撒拉族），以及在青藏高原长期存在的吐蕃等。这些来自不同地域的民族，将本民族原有的农业文化、牧业文化、商业文化等带到了青海地区，各自不同的宗教信仰也伴随着来到了这里，落地生根。青海地区不同族群的人们分别信仰着藏传佛教、汉地佛教、伊斯兰教、儒家思想、道教、基督教、天主教等。民族来源和宗教信仰的多样性，使青海的民族民俗文化呈现出多姿多彩的特性。民族民俗文物就是他们经济生产方式、日常社会生活、宗教信仰习惯的直观反映。因此，它们是历史文化的载体，是民族文明的见证。

1. 民俗宗教

藏传佛教在青海流传的历史悠久，影响广泛而深远。青海有闻名中外的塔尔寺、瞿昙寺、佑宁寺等很多藏传佛教寺院。藏族、蒙古族、土族均信仰藏传佛教。宗教民俗方面，信教群众无论在牧区还是农区，除经常到寺院进香拜佛外，家中几乎都设有专门供奉佛像、唐卡等的经堂、佛龛，佛像前供有酥油灯、净水碗等，男女身上都佩戴式样各异的护身符。

回族、撒拉族的宗教信仰为伊斯兰教，聚居区都建有清真寺，并形成了以清真寺为中心的民族居住习惯。著名的清真寺有建于明洪武年间的西宁东关清真大寺，有珍藏现今世界上仅存的三本手抄本《古兰经》之一的循化街子清真大寺，它们都已有近700年的历史，具有鲜明的民族风格。

汉族社火表演

汉族兼信佛教、道教、儒家思想及多神教等，其中儒家思想占有重要的地位。重要的寺庙有西宁北禅寺、南禅寺、文庙、隍庙，乐都西来寺、高庙，贵德玉皇阁、文昌宫，湟源城隍庙等。总之，在长期的历史发展过程中，青海地区的宗教，特别是藏传佛教和伊斯兰教在信仰的民族中形成了各自的宗教文化圈，这都和各民族原有的文化形态有着密切的联系。各宗教不分先后，相容共处。

2. 传统节庆

传统节庆是展示民族文化及表现民族意识、民族性格、民族精神、民族审美情趣等深层次民族文化的最高传统形式。青海各民族的传统节庆活动内容丰富、形式各异、特点鲜明。有些节庆活动几个民族共同参与，如流行青海的"花儿会"（也称"少年会"），具有久远的历史和深厚的群众基础，是青海地区最有影响，为各民族共同认同，最有魅力的一种民歌习俗。其内容以表现男女情爱为主，兼及对生活的感受。"花儿"（"少年"）词曲丰富，语言生动,格律严谨，声调高亢悠长，具有很强的艺术感染力和表现力。每年的农历端午节、六月六等节日期间，男女成群结队，到田间、山野，相互对唱，充满活力，深受汉、土、回、撒拉、藏等民族的共同喜爱，堪为珍贵的民间口头文学节。汉族传统节日有端午节、中秋节等，其中春节最重要，各民族群众贴春联、剪窗花、扭秧歌、制作具有民族特色的食品、走亲访友，热闹非凡。

回族、撒拉族的主要节日有"尔德节"、"古尔邦节"等，届时穆斯林民众宰杀牛羊，沐浴盛装，共同欢度节日。

藏族节日有藏历年、六月欢乐节、观经大会等。藏历年和春节一样隆重、热闹。六月欢乐节即每年农历六七月份，草原上羊肥牛壮，藏族同胞身穿华美的藏袍，佩戴珍贵的首饰，携儿带女、在草原上扎起具有本民族特色的帐篷，参加并观看赛马、赛牛、射箭、文艺演出、唱"拉伊"、"花儿"等活动。每年的农历正月、四月、六月、九月要在塔尔寺举行观经大会，它是一种法事活动，期间要进行晒佛、"跳欠"、转金筒等固定的宗教仪式。特别是正月十五塔尔寺的灯节上，展出的塔尔寺"三绝"之一的酥油花，更是令人叹为观止。

蒙古族的主要节日有灯节、祭敖包、那达慕大会。每年农历十月二十五日是蒙古族群众祭祀藏传佛教格鲁派创始人宗喀巴"涅槃"的节日，称之为"灯节"。届时家家都要吃素食，在佛像前献净水，点酥油灯，煨桑念佛；在空地处筑起白色的台子，台上点燃108盏酥油灯，然后煨桑、洒净水、吹海螺，男女老少装扮一新，叩首拜祭佛祖，祈祷安宁。祭敖包是每年的正月十五或七月中旬，蒙古族都要以古老的传统祈祷、祭祀敖包，希望人畜兴旺、水草丰美、安居乐业。敖包一般建在交通要道或通往山口的路旁，是过路人从远方捡来的石头堆起的，石堆上插有桦树枝、三角白旗、红布等。祭祀仪式完毕后，人们

民和三川地区"那顿"节

蒙古族摔跤

开始赛马、赛骆驼、摔跤、射箭以及表演传统的各项娱乐活动。

土族民居

3. 建筑民居

家，是人最主要的根据地，生于斯长于斯，是血缘近亲共同居住、共同生活的空间。各民族住宅建筑是依其不同自然环境、气候条件、经济状况、生活习俗、民族风俗、以及为适应生产、生活之需，因地制宜，就地取材建造而成的。关于屋内物品，特别是家具摆设，家庭成员住房分配以及村落建筑布局等，从各民族的民俗文物中也可窥见一系列习惯特点，可以读出他们的历史。

青海的汉族、回族、土族、撒拉族居住的地区依山傍水，汉族、土族聚居地区一般结为村社。回族、撒拉族一般以清真寺为中心聚族而居，自成区域。汉、回、土、撒拉等民族的民居是以传统木构架为主的平顶屋，房屋结构有土木、砖木结构两种，土木结构较普遍。大抵一家一院，院中最主要建筑是坐北朝南的北房，又称"正房"、"上房"，东西两边的建筑为厢房。上房三间，每间用搁架隔开，侧边的为卧室。因青海气候寒冷，冬天人们喜睡热炕，炕上靠山墙一侧置炕柜、或炕箱、或书橱，炕中间摆炕桌。但不同民族民居的室内家具陈设、物品摆放及挂饰等都各具本民族特色。汉、土族上房正中靠北墙摆放条桌或面柜，柜前正中放置八仙桌或方形钱桌，呈倒"品"字形。家具颜色大多为红色、浅黄色。桌柜正面雕刻有花卉及吉祥的彩绘图案。上房正壁挂字画（中堂）。

回族上房正墙悬挂阿拉伯文书法条幅或"天房图"，少数人家挂四扇屏，一般不挂人物和鸟兽图。撒拉族上房则挂有《古兰经》经文的条幅，窗顶或屋梁上放置阿拉伯文的《古兰经》等经卷。土族、藏族、蒙古族则挂藏传佛教唐卡，供桌上放置佛龛、佛像、香炉等。汉族在院落中心设置中宫，在中宫装宝瓶，宝瓶内放置五谷杂粮、药草、钱币等。中宫是家庭的心脏，保佑家庭平安兴旺。土族因受藏族立经幡杆的影响，大都在中宫立"嘛呢杆"。汉、土、撒拉族的门框、门楣、扎口板、柱头等处都雕刻有花草与吉祥的装饰图案，工艺精湛。尤其是撒拉族建筑中的木雕、砖雕更是一绝。窗子有揭窗、推窗，及揭推两用的。土族、撒拉族在庄廓四角一般置白卵石，墙两头各置一白石，中间用白石组成三角图案的习俗，这是古代的白石崇拜遗风。

居住在青藏高原的蒙古族、藏族，以畜牧业为主，逐水草而居。为适应随着季节的变化而搬迁，蒙古族均住圆形毡帐——蒙古包，藏族住牛毛织成的"一颗印"帐篷。

蒙古包是毡木结构，呈圆形尖顶，高约两米多，直径约三米。顶部用数根相等的木棍纵横做成可以折叠的交叉格架，用毛绳连接。用时将数片格架拉开围起来便成了圆形的包墙，周围及上端覆盖数层白色毛毡，用毛绳扎束。门帘

现代　藏族牛毛帐篷

周围镶以青布做成富有民族特色的云纹花边，包内冬暖夏凉。包内的摆设很有讲究，正中上方设佛龛，供佛像，下设供桌，供有酥油灯、净水碗等用品。包中央放置带支架的锅灶，锅灶和供桌把包内部自然分为左右两侧，左侧靠门处放置木制活动碗橱、酥油桶、背水桶等生活用具，右侧放置粮食等。

藏族主要居住在用牛毛编制的帐篷里，颜色多为黑色，能吸收光热、保暖性强，非常适宜高原地带使用。它呈四方形，故人们形象地称它为"一颗印"。帐内正中从里向外砌有槽形锅灶，锅灶和燃料仓把帐内平分成左右两半，男居左，女居右。男席上方专设供佛的地方，供有佛像、唐卡，佛前陈设经卷，有银质、铜质的酥油灯、净水碗。帐内四周放置衣箱和牛皮、毛线编织的口袋，内放粮食等，整齐排列。由于蒙古包和帐篷拆装方便，它很适应于"逐水草而居"的游牧生活。

民族民俗文物是民族历史和文化的见证，是民俗习惯的生动形象记录。本图录选择的青海省博物馆馆藏100多件民族民俗文物，是从历年来考古发掘及传世文物中精心挑选出来的，具有浓厚的地方和民族文化特色。它真实地反映了青海各民族历史发展的进程和文化发展成就，也是青海与中原地区及中、西亚文化交流的历史写照。

4. 服饰装饰

服与饰既是一个有机的整体，也是两个不同的概念。服，一般多指上衣下裳等御寒护体的实用装束。饰，是指人体及服装上的饰品及点缀物。衣服和饰品在不同的历史时期都有明显的特征。所以服饰是一种物质文化，它的产生和发展与人类居住的自然环境、生产和生活方式有着密切的关系。它负载着一个民族发展史上的诸多信息，它是民族的徽记，被誉为穿在身上的史书，正如俗语说的"十里认人，百里认衣"。服饰传递着不同民族在不同历史时期的政治、经济、文化、宗教、审美等方面的信息，记载着各族人民生生不息的历史变迁。通过民族服饰，人们可以领略到这个民族的民族意识、民族精神、民族性格和审美习惯。青海各民族的服饰就是在漫长的历史发展过程中，各民族因地因材制宜，创造了属于自己独特风采的服饰，保存了本民族特有的服饰文化。

汉族妇女近代上身穿大袖衫，衫长至膝，袖口宽大，袖口、领口、衣边均镶有幅宽不同的花边，有的妇女穿旗袍和布衫。男子夏天多穿汗褡、坎肩，老年人喜欢穿长袍马褂，后中山装兴起，大都喜穿中山装。无论男女内衣都穿贴身肚兜，穿大裆裤，秋冬穿棉衣、棉裤，脚穿缉眼布鞋、圆头布鞋，秋冬穿鸡窝（棉鞋）等。妇女喜戴耳环、戒指、手镯等。

藏族、蒙古族的服饰具有久远的历史，它的形成和发展，受地域环境、气

近现代 蒙古族女式服饰

候、生产劳动和文化交流等诸多因素的影响。由于青海牧区一年中有半年属寒冷季节，早晚温差很大，生活在这种 特殊环境、特殊气候中的藏族、蒙古族，为了适应高寒地区的游牧生活，服饰也有其特殊性，他们的衣服以皮毛为主。

　　青海蒙古族因长期与藏族交错杂居，受藏族影响较大，服饰既不同于藏族而又有别于内蒙古和新疆的蒙古族，形成了自己独特的风格，服饰多为通体宽大，袖宽而长的大襟长袍。男袍袖口带马蹄袖，女袍均为较小的长椭圆形衣领。男子四季均穿大裆单裤或夹裤，以适应他们长期骑马和席地而坐的生活习惯。男女均喜欢颜色鲜艳的红、绿绸带或红、蓝布腰带，妇女还有系二至三条丝绸彩带的。男子腰带上系有小刀、鼻烟壶、火镰等物，女子腰带上系有手帕、针扎、荷包、香包、小刀、奶钩等物。男女夏秋季节均戴呢绒礼帽，冬季戴狐皮帽和各式皮帽，式样和藏族大体相同，有的妇女还喜围方形头巾。以前男女脚穿牛皮制成的尖端翘起、镶有剪牛皮花的蒙古靴，现在已不多见。用牛皮和绒布做成的靴子，式样和藏靴无异。蒙古族很注重佩饰，无论男女颈上都戴有一个佛龛作为护身符，内装佛像和经文。男子左耳戴有镶嵌宝石的银耳环，手上戴嵌有宝石或珊瑚的戒指和一个银质或象牙的手镯。妇女喜戴大串珊瑚、宝石、玛瑙、珍珠、翡翠、绿松石等制成的项链和嵌有绿松石或珊瑚的马鞍型戒指，以及金、银、铜或玉石、象牙制成的手镯。耳戴银质璎珞式的大耳坠或金银铜制作的小巧耳环，已婚妇女梳两条长辫，将长辫装在缀有精致银牌图案或用丝线刺绣图案的黑白色辫套内，垂于胸前，连同长袍系在腰间。

清代　蒙古族珊瑚圆帽

　　藏族服饰在追求适用的同时，又追求华美、富丽的风格，往往把服饰作为显示财富和美的象征。服饰的特点是宽腰、长袖、大襟，节日盛装大都有皮毛装饰。颜色因受宗教文化影响，白色、黄色、红色成为服饰的主要颜色。藏装主要由藏袍、藏式衬衫组成。藏族不分男女老幼，皆穿宽领、大腰、长袖，右开襟的藏袍，用料是羊皮（大羊皮、羊羔皮）、氆氇、棉布等。男子穿藏袍时将衣服下沿提到膝盖上下，然后在腰间系一条彩色绸带，腰带以上便形成了一个围腰大袋囊，便于盛放物品。腰间系有把柄和刀鞘上镶嵌银、铜、珊瑚等宝石的藏刀及针线包、火镰等，左耳戴一大型耳环，项间戴有护身符、念珠，手戴戒指，腕戴银或玉的手镯，头戴狐皮帽，足登藏靴。妇女穿圆领长袍，穿着时下摆要盖住踝关节，腰间系普通腰带或彩色绸带，也有上缀镌刻花纹的铜、银饰或珊瑚等饰品的皮带。在身体两侧的腰带上挂有银或铜制的奶钩、针线包等物，头发梳成许多小辫子披在肩上，然后再结成一个或两个大辫，装在一般用红布做成，其上面缀以镂花银盾、或珊瑚、或贝壳等装饰品的辫套中，从背部垂下。项间喜戴内装佛像、经文的圆

现代　藏族女式服饰

现代　回族顶帽

现代　撒拉族绣花鞋

形、或方形、或塔形的银、铜制成的护身佛龛，以护身保平安。另外项间还戴有用金、银、玉、珊瑚等制作的饰品。手指戴有一个或几个镶有珊瑚、玛瑙、绿松石等的戒指。腕戴银、玉、象牙或其他质地的手镯。

回族、撒拉族自元代以来有过共同的成长历程，具有相近的经济文化生活，以及相同的宗教信仰，所以他们在生活习俗方面是大同小异，特别是服饰、饮食、居住、婚姻、节庆、丧葬、禁忌这些主要的民间习俗大致相同，反映了这两个民族的亲密关系。男子夏季喜穿白布圆领对襟衣服，外套黑布坎肩，即"白汗褡青裌裌"，下着大裆裤。冬季一般穿黑布对襟棉袄或皮袄，下着大裆棉裤。春秋两季穿夹袄、夹裤，戴平顶的白色或黑色的圆帽，脚穿布鞋。阿訇、满拉等宗教职业人员和经常参加礼拜的老年人，往往备有青色、白色或黑色的长布衫、礼拜帽。礼拜帽是以丈余长的白布或淡黄色布缠在帽子上，一直垂到脑后。回族妇女喜穿素花大襟或对襟上衣，中老年人还外穿过膝袍衫或旗袍式的"膀衫"，下着大裆裤。中老年妇女多穿黑布鞋，青年妇女和姑娘则穿红、绿绣花鞋。撒拉族妇女喜穿颜色鲜艳带大襟的花衣服，常在花衣服上套有黑色或绿色的长坎肩，中年妇女的衣服极长，裤脚拖地，脚穿绣花翘尖的"姑姑鞋"。回族、撒拉族妇女头饰为"盖头"，不同年龄戴不同颜色的盖头，未婚姑娘戴绿色盖头，中年妇女戴黑色盖头，老年妇女戴白、黑色盖头，这种头饰也是根据伊斯兰教教规而来。伊斯兰教要求妇女用盖头遮盖头发、耳朵、脖子，盖头由戴面纱的习俗演变而来。她们不论年纪大小，均戴耳环、戒指、手镯等装饰品。回族、撒拉族妇女擅长刺绣，门、窗及枕头和衣服鞋袜（包括青年男子的袜底），均绣有石榴、牡丹、绣球、玫瑰等色彩艳丽的花卉，而忌绣动物图案。

土族，主要分布在青海省的互助、民和、大通、乐都、同仁、门源等地，由于地域不同，在服饰式样、色彩、制作以及穿着佩戴方面有一定的差异。以前的服饰主要依靠畜产品粗加工的毛织品。老年男子夏穿小领、斜襟长袍，外穿黑色坎肩，系咖啡色或黑、蓝色腰带，着大裆裤，脚穿黑、白布袜和布鞋。头戴卷边圆顶绒毡帽、瓜皮单帽，冬天头戴毡帽，身穿小领、斜襟的白板皮袄、棉袄、褐衣裤。老年妇女头戴圆毡帽，身穿小领、斜襟长衫，素色坎肩，冬天戴毡帽，身穿棉袍，外穿坎肩等。总之，老年服装看起来比较朴素、淡雅。土族服饰中最具特色的要数青壮年服饰，特别是妇女的服饰，有如彩虹似的七彩或五彩服，绣满花卉图案的各种宽、窄腰带，腾云驾雾的"腰鞋"，艳丽庄重的"扭达"，以及织锦镶边光彩夺目的"拉金锁"毡帽等，耳戴小巧玲珑的银耳坠、珍珠串耳坠，及宝气堂皇的大耳坠等。

5. 饮食

在人类的生活中，饮食不仅是单纯的生活必需品，也是各民族饮食文化的反映。它不仅可以维持人们的生命，解决人们的温饱，同时还是一种文化符号，反映着人们对传统的遵循，对物产的利用和地域饮食文化的交流创新。饮食是人类与自然界的物质交换，是人类适应自然的结果。

由于青海特殊的自然地理环境、气候条件、物产情况，以及各种不同的宗教信仰，方式多样的礼仪活动等，因此形成了不同民族饮食上的一些特殊嗜好和禁忌，构建成异彩纷呈的饮食民俗。各民族在青海这块广袤的土地上，适应着各自生存的地域环境。分布在青海河湟谷地的民族具有农耕饮食文化的特征，分布在西部和南部的藏族、蒙古族则具有游牧饮食文化的特征。在东部河湟地区生活的汉、回、藏、土、撒拉等民族，主要种植适应高原气候特点的青稞、小麦、豌豆、洋芋、乔麦等农作物，主食以面食为主，辅以各类蔬菜和肉类，分蒸、煮、焜、炸等烹调法。面条类分面片、拉面、旗花面等。其中回族、撒拉族因信仰原因不食猪肉。而居住在青海西部和南部的藏族、蒙古族以畜牧业为主，逐水草而居，住帐房，食肉酪糌粑，穿皮革。在日常生活、礼俗仪规方面都形成了特有的习惯。他们的日常生活用品有磨制糌粑的手推磨、盛放糌粑的各种木质炒面盒，以及盛放粮食杂物的毛织、牛皮口袋，打制酥油的酥油桶、熬制奶茶的铜壶、背水的木桶、饮食用的木碗等。

清代　蒙古族铜奶茶桶

无论是牧业区的藏族、蒙古族还是农业区的汉族、回族、撒拉族、土族，都以茯茶为主要饮品，另外还有奶茶和油茶等。《滴露缦录》中载："腥肉之食，非茶不消，青稞之热，非茶不解"，茯茶具有除油腻、助消化的功效，因而熬茶成为青海各族群众的特殊喜好，特别在人际交往中相互馈赠茶酒，是非常重要的礼节。酥油茶是藏族、蒙古族、土族不可或缺的饮料佳品，在日常生活中，他们酷爱、讲究饮茶的茶具，大都崇尚"贡碗"、"龙碗"等细瓷器，以及花纹细腻、美观耐用的旋制木碗。为了实用和审美需求，这些木碗多进行过包铜、包银并錾刻花纹等工艺加工和装饰。

回族和撒拉族讲究饮茶，有一套独特的茶事礼俗，是他们日常生活中不可缺少的部分，每逢宾客到来都要端出盖碗茶请大家品尝。

饮酒是青海汉族、藏族、蒙古族、土族饮食文化中的重要一环，无论礼仪往来、婚丧嫁娶、节日庆典等无不饮酒，尤其土族民间自制的酩流酒，蒙古族酿造的马奶酒，更是源远流长，醇香醉人。

清代　藏族包银木碗

一、汉　族

汉族是从中原地区移居青海的世居民族。从历史资料看，西汉武帝以后，随着汉王朝势力扩张，汉人逐渐西迁，进入河湟地区。特别是汉宣帝时，赵充国筹建"移民实边"政策，大量汉人移居湟中，成为今日汉族的最早来源。以后，中原政局多变，历代均有汉民迁移青海，并在与羌、鲜卑、吐蕃、蒙、土等民族交流融合的基础上，形成了今日青海汉民族的巨大群体。

汉族语言为汉语，使用汉字书写，主要从事农业，少量进入牧区，成为从事畜牧业生产的牧民。汉族人口约298.4万，占青海总人口的53.02%,是青海人口最多的民族。

民国以前，汉族服饰，男穿自制长袍、马褂，戴瓜皮帽，或对襟棉袄布褂，黑长裤。女穿右开襟棉衣，长夹衫或单衫。男足穿白布袜或绣花袜，穿布鞋或自制连帮带底的船形皮鞋。老年妇女高纂头发型。现代男性穿蓝黑西装，夹克衫，妇女着装多样化，金银手镯、耳环、项链等倍受青睐。

汉族饮食以粮食作物为主食，以各种蔬菜、动物肉食为副食。受回族习惯影响，忌食死驴乱马和狗肉。茯茶文化和酒文化在青海汉族中源远流长。

汉民居为四合院庄廓，多为土木结构，一般以坐北向南的北房为主房，结构形式有拱檩悬栈、二架梁、土搁梁等几种，分别代表了由高级到简单的建筑形式，同时也代表了装饰方面由雕梁画栋到无一点装饰的风格。民居注重室内采光。

青海汉族婚嫁讲究明媒正娶，订婚送礼是必要程序。可能是原始习俗遗留，特别讲究有无狐臭，俗称"打问根子"，无狐臭的和有狐臭的很少攀亲。

汉族以土葬为主，丧事分"泪丧"和"喜丧"。父母中年去世为"泪丧"，不能进行带喜气的事项。年过花甲逝世称"喜丧"，可以举行念经、吹唢呐、饮酒等活动。年轻无生育的女子则火葬，或挖一土坑，头低脚高，无葬具掩埋。

汉族的节日主要有春节、清明节、端午节、元宵节、中秋节等。过"春节"又称"过年"，是汉族人千百年的传统节日，也最为隆重。除夕要守夜，拜年也有讲究，一般来说初一给家族长辈拜年，初二是女婿给丈人（岳父）、外甥给阿舅拜年的日子。初三开始才能给其他亲戚朋友拜年。

青海汉族与各民族在社会、经济、文化等方面的密切联系中，互相依存，共同发展。

1、2. 虎符石匮　汉代

　　海晏西海郡故城出土。通高203厘米，通宽115厘米。

　　由花岗岩雕凿而成，分为上下两部分。上部有虎形圆雕，长方座；下部为长方体石匮，匮虎相合，身座相符。虎形爬卧，古朴厚重，与汉代大气拙朴的雕刻风格一致。正立面篆书阴刻竖排"西海郡虎符石匮始建国元年十月癸卯工河南郭戎造"22字。虎符石匮是王莽新政时期所建西海郡的重要象征，是青海省迄今发现的时代最早的大型石刻，也是汉民族迁居施政的形象资料。

7. 唐人写经 *唐代*

　　敦煌藏经洞散失文物，1984年侯国柱先生捐赠。全长17米。

　　经文以楷书体手写，内容为《羯磨经》，是一部有关佛教戒律和忏悔内容的经典，"羯磨"为梵文译音，意为"作业"。全卷933行，每行17～18字，共16790余字。这部经卷系隋唐时期皇家用染黄纸书写，楷书体，字体工整匀称、圆润，在古文献研究和书法艺术方面有很高的艺术价值。

8. 剔花芒口白瓷碗　宋代

　　高5.6厘米，口径16.4厘米。

　　大口，圈足，白釉，薄胎，釉自口部向下逐渐增厚，器形规整，釉色清亮，是宋代白瓷典型作品。

9. 荷叶形端砚　明代

　　长42.4厘米，宽27.5厘米。

　　形似荷叶，边缘上卷，成自然卷叶状，形成砚池。底面雕出荷叶卷枝及叶脉。砚体造型生动，美观大方，石质坚硬，音质清脆，是珍贵的文房四宝之一。

10. "张成"剔花石榴漆盒　明代

长14.8厘米，宽6.2厘米，高5厘米。

木胎质，髹红漆，石榴形状，用浅浮雕剔、雕技艺，剔雕出石榴叶瓣果实图形。技艺娴熟，造型生动，色彩艳丽，虚实相映。底有"张成"款。

11. 成化款大国师金印　明代

　　高10厘米，边长10厘米。

　　印体方形，如意头纽。印面篆书"广慧悟法，净觉妙善，翊国衍教，灌顶戒定，西天佛子，大国师印"24字。印背右边楷书镌刻金印全文，左边阴刻"成化二十二年礼部造"，侧刻"午字八百二十二号"。该印是明朝廷颁赐给乐都瞿坛寺的官府印信，作为权力象征，在加强明王朝与青海地区宗教上层之间的领属关系，以及密切藏汉关系方面，起到了积极作用。

12. 天启款青花人物纹碗 明代

　　高4厘米，直径12厘米。

　　侈口，略折腹，圈足，底部手书体"天啟年制"四蓝字款。白釉青花，主纹饰为人物松枝图案。器形典雅，釉色清亮，图案形象生动，是明代青花瓷中的珍品。

13. 木座屏风　*清代*

　　长45.5厘米，宽45.5厘米。

　　屏风是中国历史上最早出现的家具之一，是中国传统居室文化的独特一景 。屏风从西周开始使用，当时称为"邸"或"扆"，指设在天子座后的屏风，显示天子的九五之尊。汉代以后，一直沿用，并且深入民间。屏风一般分为座屏风和曲屏风两种，座屏风又分为多扇组合和独扇插屏；曲屏风是一种可折叠的屏风，也叫软屏风。这件屏风是独扇插屏，用于正厅桌上摆设，其底座透雕花格纹饰，底座之上是透雕框架，框架内镶有玻璃镜，镜架上下部空挡处镶有两块椭圆形透雕玉饰。屏风有遮饰祛邪，平和性情，提高居室品位之寓意。

14. 陶油灯　*清代*

长15厘米，高10.5厘米。

釉陶质，整体似鸭形，圆角长方形储油罐，平底。进油口为直口，卷沿。尾部开孔，此处插入灯芯，里通灯油，灯芯外端点燃后照明。油灯起源较早,是延续和发展时间较长的生活用品之一。

15. 坡跟布绣花鞋　清代

　　长10厘米，高13厘米。

　　民国以前的女子有从小裹足的恶俗，造成双脚畸形，其鞋俗称"三寸金莲"，是女孩子以健康为代价用泪换来的，就像民间谚语所说："裹脚一双，流泪一缸"。据史学家考证，中国缠足之俗，约始于五代。此双小脚绣花鞋木屐，坡跟，鞋跟部黄底面上绣有单线红梅花，鞋面缝制绿色绸子，并绣有各种花卉及小动物。鞋帮前半部有波浪形彩色盘绣。鞋尖上翘，呈三角形。

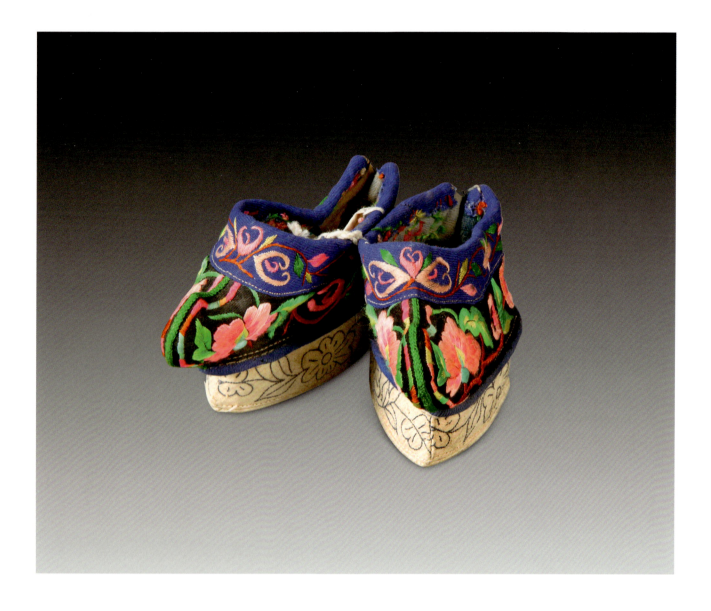

16. 平跟布绣花鞋　清代

　　长15厘米，高7.5厘米。

　　鞋底厚高，用细麻线纳制，跟部用白布包面并用蓝色单线绣有八瓣梅花，鞋帮下沿和鞋口部均用蓝布包边，鞋帮以黑布为面，上绣多种相对称的花卉，鞋帮与鞋底缝制成为一体。鞋呈船型，尖部微翘。这双绣花鞋造型高雅，刺绣精美，用料考究，是难得的民俗艺术珍品。

17. 木八仙桌　民国时期

　　高86厘米，边长94.5厘米。

　　据史料记载，"八仙桌"在辽金时期出现，明清时期盛行。无论是达官显贵还是平民百姓，几乎家家都可以寻到八仙桌的影子。此件八仙桌结构简单，用料经济，造型方正、大气，有很强的安定感。

18. 木条桌　民国时期

　　长252厘米，宽49厘米，高85厘米。

　　条桌也称"条案"，长方形承具，与桌子差别是因脚足位置不同，大小有别，故称"案"。此件条案木制，边部镂雕图案，常用于丧事中供放牌位，喜事中用作接桌，平时置放时钟及神佛牌位、祖宗画像等，是很受民间喜爱的常用家具。

19. 木炕柜　民国时期

　　长168厘米，127厘米。

　　木质，油漆彩绘，上部敞口，并雕花装饰，内可放被褥。下部双开门,在门面上置有黄铜折页和铜穗拉手，用于放置衣物等。炕柜也是常用于妇女陪嫁之物。

20. **丝绣瓜皮帽** 民国时期

　　高15厘米，口径18.5厘米。

　　帽成瓜皮状，圆顶。锦缎缝制，织锦镶边，蓝底。帽正面有用黄色丝线盘绣成"寿"字纹，帽顶用红线挽结成宝珠状并上缀有红色穗子，内衬为深咖啡色布料。是清代至民国时期老年男子常戴的帽子。

21. 四喜皮帽　民国时期
　　高12厘米，直径20厘米。
　　俗称"四片瓦"，是汉族老年妇女冬天喜戴的帽子之一。由毛皮和彩缎缝制，左右两片 "大瓦" 毛皮和前后两片"小瓦"扣连在一起。帽顶用彩缎裁成瓜皮形缝制，正面绣制"寿"字图案，顶部用红色粗线挽结成宝珠。这种帽子美观实用，朴素庄重。

22. 皮影　民国时期

　　长55厘米，宽28.5厘米。

　　皮影是傀儡戏的一种，是我国古老戏曲形式之一，俗称"影子"，一般在青海汉族聚居区较为流行。皮影的人物、道具等是用加工好的驴皮或黄牛皮革雕刻而成。皮影表演时由演员操纵，透过背光投影于银幕，在长期流传过程中，表演艺术日臻完美，已形成独具特色的剧种。这件抬轿皮影人物作品，面部表情神态各异，所戴帽饰各不相同，花轿、服装的花纹雕刻细腻，人物形象逼真。

23. 铁三足火盆　现代

　　20世纪50年代征集。高20厘米，口径51厘米。

　　火盆是冬日取暖不可缺少的器物，在旧时青海民间很常见，是农家必备的生活用品。一个火盆，配有一件铁质扒火铲和铁夹，一般放在主卧室的炕上。火盆兼有一盆多用的功能，既可供人取暖又可炖茶，还可供妇女烧烙铁熨烫衣服。这件火盆铁质，宽边，内沿上凸，外沿上卷，三兽足。

24. 剪纸　现代（作者王凤英）

　　长63厘米，宽45.5厘米。

　　青海汉族民间剪纸艺术历史悠久，几乎与中原剪纸同步发展。剪纸艺术用喜闻乐见的造型语言展示出各族人民内心世界朴素的情感与祝福，艺术形式深深扎根于民间。这几件剪纸作品以互助县钟楼、扭秧歌、环青海湖自行车赛等为背景，技法娴熟，形象生动，为青海民间剪纸艺人的代表作品之一。

25. **湟中县农民画**　现代

　　长63厘米，宽45.5厘米。

　　河湟谷地的湟中县农民画甚为有名，主要以乡村、田野、农民的生活和劳动为绘制场景，内容丰富，特色浓郁。这件摔跤农民画作品由两组四名运动员组成，他们身着色彩鲜艳的民族服饰，进行摔跤比赛，摔跤的动作夸张。作品在画法上吸收壁画、唐卡、剪纸、民间刺绣、漆画等艺术营养，具有鲜明的地方特点和浓郁的民族特色。1988年文化部授予湟中县为"中国现代民间画乡"称号。

　　藏族古称"蕃"、"吐蕃"。根据史料考证，史前时期生活在河湟地区的羌、戎诸部应该是青海藏族的重要祖源之一。公元七世纪以后，藏王松赞干布统一青藏高原，建立了吐蕃王朝，青海境内诸羌和吐谷浑等部尽归于吐蕃统治之下。此后吐蕃力量日益强大，逐步扩张，形成了和唐王朝东西对峙的局面，进入青海的吐蕃人，同当地羌人、吐谷浑人、汉人等交错杂居，在长期的交往中，逐步交流融合，形成了今天青海藏族的祖先。

　　藏族人口约119.20万，占青海省总人口的19.46%,分布在玉树、果洛、黄南、海南、海北五个藏族自治州和海西蒙古族藏族自治州。此外，在平安、乐都、民和、西宁、化隆、循化、湟中、大通、湟源等县也有部分藏族居住。

　　除东部少量从事农耕之外，藏族大部分居住的地方都在海拔3000米以上的高寒地区，

二、藏　族

因地理环境不同，风俗习惯存在着差别。以游牧为主的藏族一般住在用牛毛织成的黑色帐篷里，个别地方也有毡做的毡房。帐篷结构简单，轻巧方便，中间用一根木棍做梁，两头支8根短木杆，四周用木桩固定。这种帐篷雨水不渗，风雪难侵，宜于搬迁，是游牧民族的传统住所。帐篷内中央是泥巴垒成的锅灶，两侧是住宿的地方，一般是男左女右，正中供奉佛像及经典，陈设铜、银制成的净水碗和酥油灯。东部农业区的藏族同汉、回、土等民族相近，以自然村落为单位聚居。玉树、果洛、黄南等地有一类被称之为"碉房"的房屋，它的内外墙全部用片石和泥巴垒砌而成，厚度在一米左右，多为上、下两层的平顶建筑，个别也有三层的布局。下层为牛、马、羊等牲畜的畜圈和杂用房，上层为居家住所。碉房门窗很小，大都以山就势而建，高低错落，远望犹如层层堡垒,颇为壮观。

生活习俗方面，青海藏族女子将头发一般梳成双辫或许多小辫披在背后，并在辫稍或辫套上挂有大量银质饰物。男女喜戴呢帽和皮帽，上身穿绸布的长袖短衫，外罩长袍，右襟系带，腰带用红绿绸或布制成。玉树地区男子则多用皮带勒系宽大的皮袍或夹袍，皮带上饰有精美的图案。

饮食方面，藏族多食牛羊肉、糌粑、酥油和奶茶。大多数地区藏族不吃飞禽、蛋类和水产品。藏族婚嫁场面多彩多姿。而丧葬更是奇特，有天葬、火葬、塔葬、水葬和土葬等。

藏族是一个爱美的民族，无论在日常生活中，还是在着装上，都表现出对美的执着追求。他们性格粗犷剽悍、热情奔放，又是一个能歌善舞的民族，舞姿优美、动作豪放。赛马、赛牦牛、射箭、登山等传统的体育活动在民间十分普遍。藏族的医学、绘画、雕塑等都有着浓郁的地方特色和民族文化特色。

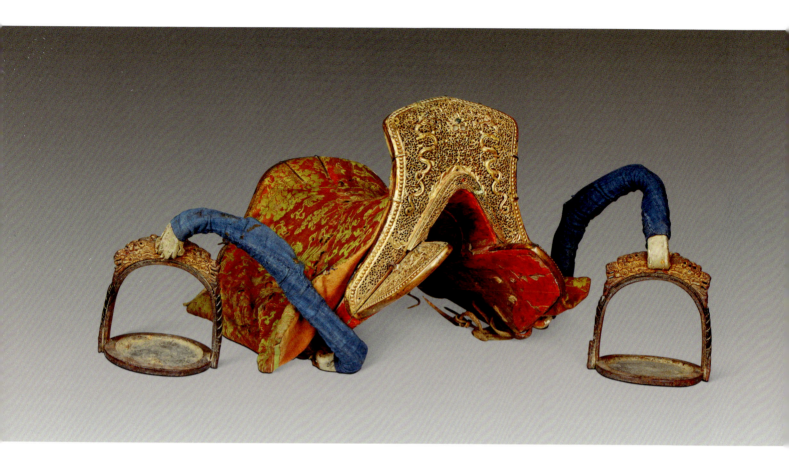

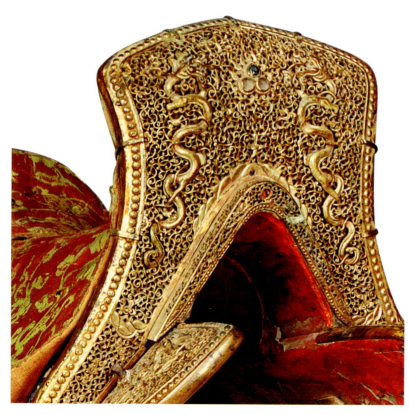

28. 鎏金马鞍　明代

高69厘米，宽34厘米。

马鞍在青海当地出现大约在魏晋南北朝时期。互助县丹麻乡出土的马形牌饰，有马镫形象，是目前已知最早的鞍具实物资料。这件马鞍为木制，双侧配镫，鞍桥前后镶贴镂花鎏金铜饰。鞍具气度不凡，华丽珍贵，是上层社会使用的马具。

29. 铜白度母坐像　清代

高9.5厘米。

铜质。头戴五佛冠，嵌珊瑚、绿松石，面施赭石，双手持莲花（已残失），结跏趺坐于双莲花座之上。此尊铜像姿态优美，面相生动。

30. 铜鎏金无量寿佛坐像 清代

高8.5厘米。

铜质，通体鎏金。头戴宝冠，发髻高耸，双耳
饰莲花耳坠，双手捧宝瓶，身嵌绿松石，结跏趺于
双莲花座之上。此尊铜像比例匀称，纹饰精美，细
部刻画深入。

31. 铜鎏金吉祥天女像　清代

高17厘米。

　　铜质，通体鎏金。此像呈火焰发髻，头戴五骷髅冠，一面三目，呈忿怒像，袒上身，胸前饰璎珞，项挂人头链，披人皮，坐于裹着人皮的骡背上，下为单层莲座。此像工艺精糙，形象生动。

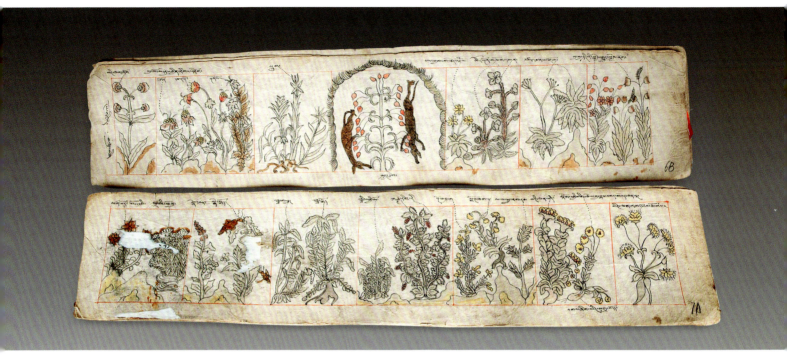

32. 彩绘米拉日巴画传唐卡　清代

高76.5厘米，宽55厘米。

这幅唐卡用回环式构图来表现著名的噶举派高僧米拉日巴生活传记的场景。画面中间，米拉日巴跏趺坐于莲花座之上，肤色白，着白色衣裙，乌黑长发披于身后，胸前饰红色练功带，左手持钵置于双脚交汇处，右手在腮旁呈思维相，身体微右倾，面容和蔼慈祥。图上方表现的是米拉日巴释放咒语和其投师玛尔巴的场面。图下方表现的是米拉日巴按照玛尔巴的要求，修建西藏山南地区洛扎县的桑嘎古朵寺的场景。这幅唐卡用自然的云纹将所述故事的情节单元隔开，每个单元不仅能够独立成幅，而且还能够相互呼应。

33. 藏医药图谱　清代

长91.5厘米，宽36厘米。

纸质，上面绘有藏药中所需的植物类花纹图案，如有藏青果、藏枣、虫草、藏红花、藏菖蒲等。这些药物大都生长在高寒地区，稀薄的空气、强辐射的阳光等使它们具有特定的药理性能。藏医药历史悠久，一般由动物、植物、矿物等数十种原料配制而成，常用的有三百多种，凝聚了藏族人民长期与疾病作斗争的宝贵经验，有独特的理论体系和浓厚的民族特色。

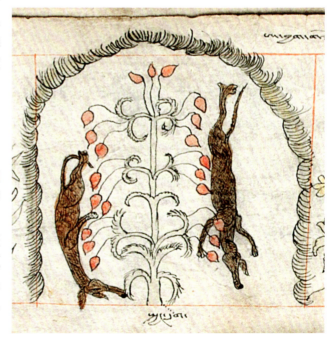

34. 红珊瑚手镯 *清代*

　　直径8.5厘米。

　　手镯是一种古老的装饰品，在新石器时代遗址中就出土有大小不等的陶环和石环，如青海马家窑文化遗址中发现的陶环和石环，数量众多，应该是原始形态的手镯。此件手镯用珊瑚串珠穿在一起做成，做工精细，色泽鲜红，是藏族饰物中的珍品。

35. 铜耳环　*清代*

直径8厘米。

藏族男子佩戴的耳饰，通常佩戴在左耳上。铜质，上嵌有红珊瑚，制作工艺精细，是象征男性的装饰品。

36. 玉扳指　*清代*

直径3厘米。

呈圆筒形，青白玉，上雕一条游龙，龙首奋扬，很有气势，龙尾形似云纹，做工精细。扳指在射箭时用于保护手指，又是一种装饰品，一物两用，具有浓厚的民族气息。

37. **包银木碗** *清代*

　　高8厘米，口径10厘米。

　　包银木碗是藏族沿用已久的生活器皿。此碗用整块桦木木料镟制，碗内部及口沿用银镶包并压花，碗底及圈足处饰以联珠纹。木碗做工考究，品相美观。

38. 包银火镰 　清代

长12厘米，宽4厘米。

火镰是用铁打制成的砸击燧石取火的工具。此件火镰呈月牙形、钝刃、背部包银。包银银面上刻有许多精美的花纹图案，并嵌有珊瑚、绿松石。一般系于腰上，是火柴出现以前藏区人们必不可少的日常生活用品。

39. 皮靴 民国时期

高46厘米。

平跟、软帮高筒，鞋尖微翘。靴底用较厚的牛皮制成，靴面和靴筒则是用质地较软的牛皮和黑、红条绒布缝制，再将靴面和靴底用骨锥或金属锥钻孔打眼，然后用牛皮细绳连缀缝合，非常结实耐用。藏靴御寒性强，样式美观，制作藏靴是青藏高原具有代表性的民间工艺。

40. 毡靴　**民国时期**

高48厘米。

船形，鞋尖反翘于靴面，靴底由三层细皮或麻绳密密纳制而成，靴帮用乳白色的毛线编织，靴面前部及靴颈处由黄色的织锦缝制，靴筒部用枣红色的毡面缝制。做工精细、色彩艳丽、层次分明，具有浓厚的民族特色。

41. 刺绣辫套　民国时期

　　长92厘米，宽11厘米。

　　辫套是藏族女子服饰中的背饰之一。每逢节日藏族妇女将秀发编成108条小辫，分别装入两个辫套内。此件辫套黑底，用彩线绣有各种花卉图案，其上又间隔连缀三个大小不等的银碗，银碗上錾刻花卉并涂以各种颜料，再镶珊瑚。辫套下缀黑色穗子，色彩鲜艳，图案生动，装饰庄重华贵，给人以美的享受。

42. 刺绣围幔　民国时期

　　长326厘米，宽98.5厘米。

　　这件刺绣围幔由八宝、团纹寿字、狮、瑞云等多种图案巧妙地组合。藏族由于信仰藏传佛教，吸收了刺绣唐卡的构图手法，布局紧凑连贯，绣品大气美观，渗透了藏族妇女的聪明智慧和美好愿望，装饰性很强。

43. 手推石磨　民国时期

　　直径40厘米，厚22厘米。

　　用花岗岩等坚硬岩石凿制而成，灰白色，圆形，由上下片磨盘组成。上磨盘侧面雕刻鱼纹，侧边凸出部位凿出竖孔，可装手柄，用于推磨，盘面偏离中心部位有孔，便于注入研磨谷物。主要用于磨制青稞炒面。

44. 木酥油桶　民国时期

　　高116厘米，直径16厘米。

　　酥油桶制作十分讲究，一般用
红桦木或红松木制成。桶口镶置圆
木板，圆板中心钻孔，竖插一根比桶
长30厘米的木棍，木棍把手处以铜皮
包镶。顶板上凿四个小气孔，以便
搅拌时，气体可以上下流动。桶外围
用多道铜箍间隔加固，既增强了牢
固性，又增加了美观性。

45. 木碗及毛织碗套　民国时期

　　高7厘米，直径14厘米。

　　木碗镟制。碗套用毛线手工编织而成，由碗盖、碗套两部分组成，用细皮绳将两部分相连。此件碗套用黑、白两色毛线编织回纹图案，碗套口沿处缝制一个皮带环，用以将木碗放好后结扣。碗套编织精细，携带方便，适用于游牧和旅行。

46. 牛角鼻烟壶　民国时期

　　长15.2厘米，口径4.8厘米。

　　以牛角为原料，经过精心加工制作而成。牛角呈半月形，前后包银，包银上錾刻有花纹。壶颈细长，壶内盛放烟末，是难得的实用工艺品。

47. 藏刀　民国时期

长31厘米。

藏刀是藏族群众随身佩带的腰饰，既是切割食物的工具，又是自卫武器，同时也是装饰物。此刀样式独特，锻打精致，刀鞘包银，上刻龙、凤、虎、狮、花卉等图案。纹饰镌刻细腻，装饰华丽，并嵌有红珊瑚、绿松石等贵重宝石饰品，独具民族风情和地方特色。

48. 彩绘宗喀巴像唐卡　现代

高73厘米，宽46厘米。

宗喀巴，原名洛桑札巴，藏语称"杰仁波切"，青海湟中人，是藏传佛教格鲁派创始人。唐卡中的宗喀巴，双手结转法轮印并持莲枝，莲花中间是左经右剑，结跏趺坐于莲花座上。他头戴黄色桃形尖顶僧帽，表明他是以重视戒律为号召的。莲座下面置须弥台座，台座正面绘有狮子一对作为装饰。前面的花枝间有琵琶、镜子、珊瑚、海螺等宝物供品。这幅唐卡在构图上一改传统唐卡中主尊周围排列环绕神佛图案的繁缛章节，突出了宗喀巴在格鲁派中的独尊地位，整幅唐卡的画面简洁明快，主尊形象慈祥端庄，让人赏心悦目。

49. 晒佛　现代

　　也称"展佛"，"晒大佛"。藏传佛教多数寺院都有珍藏的巨型堆绣、毛织和绘画佛像。每年佛诞日或其他宗教节日，寺院将这些佛像取出展晒，一来为了防霉变或虫蛀，二是供信众瞻仰佛祖。晒佛常见的有释迦牟尼佛像、弥勒菩萨像、宗喀巴大师像等，平时卷放在佛殿中供奉，晒佛时由僧众扛往山坡。行进时，乐队前导，众僧尾随，鱼贯前行，信徒从两侧蜂拥顶礼，气氛热烈。至晒佛的山坡，在法乐和诵经声中，佛像徐徐展开，铺于山坡。信众观瞻佛容，梵香顶礼，争献哈达，场景十分壮观。

50. 玛尼石　现代

藏族石刻艺术非常丰富，有石刻造像、经典、玛尼石等。玛尼石是在大河卵石、山石上錾刻的六字真言或其他宗教内容的艺术形式，具有丰富的藏传佛教内容，也是藏文书法艺术的真实体现。

51. 牛毛帐篷　现代

帐篷又称"帐房"，将牛毛捻成粗毛线，用专用的纺织工具将毛线织成褐子布，然后将其缝制成两大片，侧边各缝结八条小牦绳。搭建时先用木杆顶起横梁，然后将两片侧边八条牦绳结扎连成一片，周边则用毛绳固定在帐篷外的八个木橛子上。帐篷撑起后成四方形，俗称"一颗印"。帐篷内生活用具排列有序，整洁美观。由于牛毛帐篷结实耐用，便于支拆驮运，因此它很适宜"逐水草而居"的游牧生活。

54. 项饰 现代

　　周长约64厘米。

　　此串项饰由珊瑚、绿松石、米腊串成。每逢喜庆节日，藏族无论男女均有佩戴，它不仅象征着财富、地位，还表露出爱美之心。

55. **毛织褡裢**　现代

　　长136厘米，宽38厘米。

　　褡裢两端有用牛羊毛线编织缝成的口袋，可盛放物品。其质地柔软、耐用，褡在马和牛背上便于驮运生活用品。此件褡裢做工细致，是藏族常用的生活用品。

58. 牛皮口袋　近现代

高61厘米，直径44.5厘米。

口袋一般用牛犊皮、羊皮或其他小兽皮缝制而成。此件牛皮口袋是将牛皮用硝、清油等熟制成皮革，再缝合而成。牛皮口袋用于盛物，结实耐磨，可长久使用。

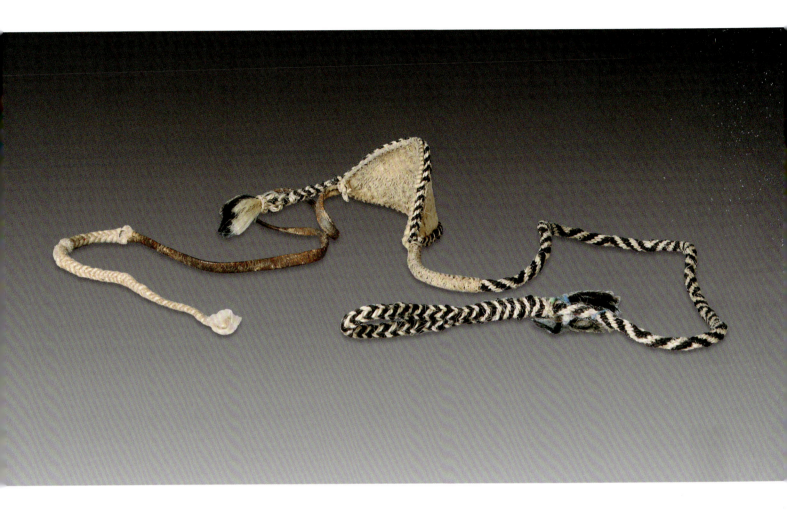

59. 毛织抛儿石　现代

长170厘米，宽8厘米。

由毛绳、皮子组成，中间皮子呈碗状用以装石头，皮子两端缝接粗毛绳，一端毛绳结成环套。抛石时，以手指扣住毛绳一端的环套，毛绳另一端只需握住，然后旋转甩动，至转速很高时，猛地将握着的那一端放开，皮碗中的石头即飞向远方目标。抛儿石是游牧民族狩猎和放牧的工具。

　　土族是青海省独有的世居民族，历史悠久，早先从事畜牧业，现以农业为主，兼有少量畜牧业。土族有本民族的语言，属阿尔泰语系蒙古语族，主要聚居在青海省的互助土族自治县、民和回族土族自治县、大通回族土族自治县及同仁、乐都、门源等县。全省共有土族人口20.44万人，占全省总人口的3.63%。在漫长的历史发展过程中，土族逐步形成了本民族独特的民俗风情和丰富多彩的民族文化。由于长期同汉、藏、蒙等兄弟民族杂居，在习俗方面也受到了兄弟民族习俗的影响。土族信仰藏传佛教，互助佑宁寺、却藏寺等在藏传佛教寺院中具有较大的影响。

　　土族主要以"小聚居，大杂居"的形式自成村落。居住以"庄廓"为主。庄廓为正方形四合院落，黄土夯筑围墙。房屋建筑均系土木结构，装饰精美，雕刻工艺精湛。庭院正中有一方形土台，俗称"中宫"，方台中间竖经幡，有的种鲜花。整个庭院显得干净清爽。

　　土族群众擅长歌舞，尤以古老的极富民族特色的"安召"、"纳顿"舞最为有名。每逢喜庆节日，土族群众喜欢聚集到庭院或打麦场，围成圆圈载歌载舞。其舞步轻盈，动作舒缓，一唱众和，歌声悠扬，表达的是吉祥、祝福之意，它是土族人民的民间广场舞蹈。民和三川地区的"纳顿"舞(土语玩的意思)，每年农历七月十二日到九月十五日，在约两个月的时间里，逐村顺序举行规模盛大的庆丰收会。这是秋收后人们为娱神而举办的祈祷祭祀活动，也是自娱性很强的一种人神共乐的民族民间舞蹈活动。"纳顿"被称为土族人民的狂欢节。

土族民间多盛行各种曲调优美，情节动人的口头文学。如唱"花儿"是土族群众喜欢的口头文学形式之一，每年农历端午节、"六月六"等节日，土族群众汇聚到山清水秀的村外，以独唱或对唱的形式，歌唱自己的劳动、爱情，以及美好生活。演唱者大都能触景生情，即兴编词，出口成章，对答如流。因此，互助县素称"花儿之乡"。著名的土族吟唱长诗《拉仁布与吉门索》，讲的是一对青年男女之间的纯贞爱情和对自由、幸福的向往，以及向万恶的封建社会提出的控诉。另外，土族还有许多婚礼歌和对歌。

"轮子秋"是土族自创的一种民间体育项目，每逢重大节日都要举行表演。被海内外人士赞誉为"东方传统民族体育的一颗璀璨明珠"。

土族的婚礼仪式繁缛，程序很多，分为娶亲、送亲、结婚仪式、谢宴等，整个婚礼自始至终在载歌载舞中进行。他们的待客礼节更是独特，当你走进土乡进入土族家门时，都要接受土族妇女边唱边敬的三杯青稞美酒，以示对客人的感谢和诚挚的祝福。

丧葬习俗由于居住环境的不同，有火葬、土葬、天葬、水葬等。人死后，不论贫富都要举行三、五、七天的葬礼，大部分实行火葬。土族禁忌习俗很多，在生产、生活诸多方面都有所反映，如忌奇蹄类牲畜肉、忌门等等。忌门的标志是，大门旁边贴一方红纸，插上柏树枝，或在大门旁煨一堆火，这样，就告知外人，家中有事，暂不会客。以前，青海汉族民间也有这种习俗，如家中有病人、生育月子期、丧事等，因特殊原因忌门，外人有事，可叫出大门外商谈，不进家门。这是民间民俗文化交流融合的典型例证。

土族的民族民俗文物非常丰富，在长期的生产生活过程中，创造了独具特色的民族民俗文化，有工艺精湛的建筑雕刻、造型各异的泥塑艺术，特别是千姿百态，花团锦簇的刺绣艺术更是异彩纷呈，饮誉海内外。土族的习俗是中华民族民俗文化的重要组成部分。

60. 土族民居   现代

　　土族群众的民居以单层为主，土木结构、平顶屋，少量人家的门楼和角楼建有二层。主房正面为不施油彩的木质门楣、门板、窗棂、隔扇等，上面雕刻着朴素的动植物图案，如代表着吉祥如意的蝙蝠，代表着福贵安定的牡丹等。传统土族的正房是一进三开，中间称堂屋，旁边的两间用板壁隔开，用于会客、休息、吃饭等。民居的院墙用黄土以夹板夯筑而成。此外，由于土族群众信奉藏传佛教，因此大量宗教元素也被融入到民居的雕刻中。

61. 砖雕 *现代*

　　用泥或砖为原料，一般分提活、刻活两种。前者将黏土用手或模具制成龙、凤、狮及各种花鸟鱼虫等图案，入窑烧制；后者在青砖上刻制各种浮雕。其图案多山水景物与吉祥图案，巧妙连缀，立意新颖，构图严谨，造型生动，雕工精湛。这些砖雕常用于寺院、民宅等建筑物的拱门、院墙、影壁、花坛等处。充分显示了土族人民的建筑和雕刻艺术水平。

62. 石碌碡　现代

通长120厘米。

一种用于轧碾谷物、平整场地的六棱柱形石质农具,也叫"石磟子"。碌碡一端略粗,另一端稍细,两端各凿一个圆形小洞,上安装一截质地坚硬的短木棍,套上连系绳索的木耳,用骡马拉动。打碾时将小麦、青稞、蚕豆等摊在麦场,骡马拉着碌碡,在摊好谷物的麦场上,按逆时针方向运转,即为谷物打碾。秋收打碾全部结束后,择日将碌碡置于场院的一隅,焚香划表,揖拜礼祭,谓之"卧碌碡"。

63. 大板车　近现代

车长340厘米，车轮直径115厘米。

　　木质，因车的轮子比较大，故通称为大轱辘车。其材料主要用耐磨、韧性强的黑桦木或柞木等阴干后制作而成。由车筐、车辋、车毂、车轴等组成，具有轻便、耐用、易拆装等特点。长轴、高底盘，适宜山地等复杂路况运输，既可载物，又可坐人，是传统简便的畜拉运输工具。因此，20世纪70年代以前大轱辘车深受土族人民的喜爱，也受到其他民族的欢迎。

64. 盘袄 近现代

　　盘袄，是土族男子日常生活中喜穿的服饰之一，因季节不同，分单、夹、棉三种。衣料多用棉布，颜色有蓝、深蓝、黑等色。其式样长而宽大，右开襟，下摆开衩，在斜襟、袖口、小领处镶花边或黑边，胸前镶一块四寸见方的彩色图案刺绣花兜。

65. 绣花高领短褂　近现代

　　夏季土族男子喜穿绣花高领的
白色短褂，短褂上系有绣着"孔雀
戏牡丹"图案的围兜，外套黑色或
紫色的坎肩，小襟上部镶有"八瓣
莲花"等图案的花兜。这种短褂多
在节日里穿，腰系两头绣花或不绣
花的腰带，右侧挂一绣花小褡裢，
或绣花烟袋，下穿黑色或蓝色的裤
子。而今随着时代的变化，除老年
人穿长袍外，一般青年人则穿流行
服装。

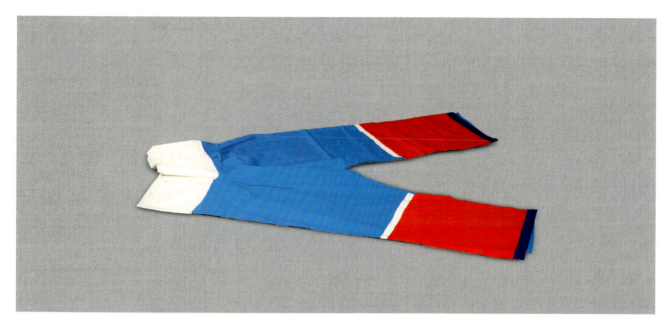

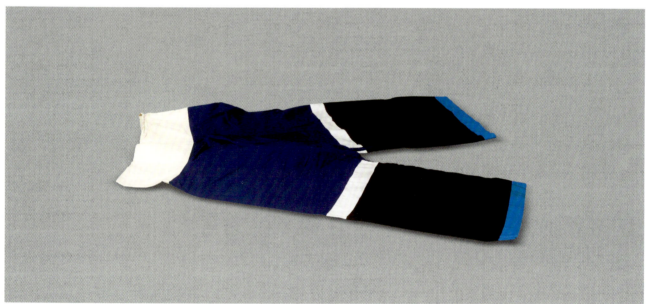

68、69. 女式筒裤　近现代

　　上图裤长104厘米，下图裤长91厘米。

　　土族女式筒裤膝部以下接宽约尺余的高套裤筒，土语称"帖弯"。帖弯与裤子相接处以白布条相隔，已婚妇女穿黑色"帖弯"，下边蓝布条镶边。未婚姑娘穿红色"帖弯"，下边用白布条镶边。日常生活中多穿蓝色或黑色布裤。

70. 适格扭达　近现代

宽39厘米，高27.5厘米。

"扭达"是土族妇女过去戴的帽饰。因地域不同，式样有八九种之多。"扭达"用彩布制成，装饰以银、铜等长针，缀上云母片及彩色丝穗。戴"扭达"时，将头发梳披于两侧，发梢上折，绾在两鬓间，呈扇形。

适格扭达又称"簸箕头"，具制作工艺是用当地的一种柔软而有弹性的岌岌草扎编成簸箕状骨架，再用硬纸和碎布裱糊成胚，使其丰满牢固。其正面贴上金银箔纸，再粘贴上数道摺的五色彩布，周围镶一圈3厘米见方的云母片，边沿垂吊两层红、黄丝穗，边沿插数百枚铜针，在阳光下闪闪发光。

71. 托欢扭达 *近现代*

高30厘米，圆盘直径22厘米。

又称"吐浑扭达"，其制作工艺相同，以红、白小珍珠串盘绕其面，边镶一周小贝壳缀为圆形，径四五寸，垂悬于背上形似圆饼，这种头饰又称"干粮头"，据说"吐浑扭达"头饰被看做土族最古老、最尊贵的头饰。佩戴这种扭达的地区范围很小，仅限于红崖子沟、土观村等几个村庄。

72. 捺仁扭达　近现代

高41厘米。

又称"三叉头"、"尖尖头"，即在帽上插铜剑一枝，耸起顶上约半尺高。箭头分三叉，上挂小红绒球二枚。劳动或不戴扭达时，用一条四米长的绣花头巾将它包裹起来，以防止日晒雨淋。佩戴扭达据说是镇魔驱邪，同时标志着女性已结婚成年。老年妇女不戴扭达。

73. 加斯扭达 近现代

宽38.5厘米，高30厘米。

加斯扭达的制做工艺与适格扭达相同，正面一圈缀满红色丝线的穗子，形状象一只犁铧，倒过来又象马鞍，所以既叫"铧尖头"，又叫"马鞍翘"。

74、75.　"拉金锁"毡帽　近现代

　　上图高11厘米，直径33厘米；下图高9.5厘米，直径31厘米。

　　土族青年男女喜戴帽沿翻卷，织锦镶边的"拉金锁"毡帽和帽沿不翻卷的礼帽。毡帽颜色多为黑色、金色、蓝色等。原料用上好的羊绒、牛绒由专门的毡匠精心制作而成。

　　男子"拉金锁"毡帽是白、黑色，以绒毛制成蘑菇状，下沿上翻，后高前低，谓"鹰嘴啄食"式绒毡帽。女子"拉金锁"毡帽多为棕色，亦有白色，翻沿高而平，周围饰以黑绒布、织锦、以及金丝花边。

78. 银凤凰三点头　民国时期

全长30厘米。

凤凰三点头又称"凤凰单展翅"，它是民和三川地区土族妇女佩戴的头饰。用黄铜制成，铜箍前面挂一排七件工艺精细、展翅欲飞的凤凰，再在其上挂满珊瑚串成的穗子。从造型上看，妇女脑后挽起高高的发髻，上盖一条黑色的头巾，再戴上这种头饰，走起路来随着身体的摆动而摆动，所以形象地称它为"凤凰三点头"。

79、80. 银耳环 民国时期

上图耳环长16.7厘米；下图耳环长7.3厘米。

土族女子的耳环分大型银耳坠和小型银耳坠两种。它是由桃形耳坠头、挂钩、套环及穗链组成，由当地银匠专门加工制成。大型银耳坠俗称"上三下五、上五下七、上七下九"，即在银制的耳环下边吊有五条、七条、九条小银穗，并用数串五色珠子把耳环连在一起，佩戴时珠串长长垂于胸前，它不能戴在耳眼上，只能挂在套环上。小型银耳坠有两条或三条耳穗，在日常生活中佩戴，这种耳饰显得小巧灵便，便于生产劳动。

　　蒙古族大约在元朝初期进入青海。明清两代,南疆的和硕特部、内蒙古西部的土尔扈特部等相继住牧海西及青海湖地区,成为青海蒙古族的重要渊源。蒙古族作为青海世居民族之一,主要聚居在海西蒙古族藏族自治州的都兰、乌兰、德令哈、格尔木及青海湖周围,黄南州河南县也有集居。

　　青海蒙古族人口8.6万,占青海总人口的1.29%,有自己的语言文字,大都信仰藏传佛教,一般都通晓藏语,有共同的宗教信仰。青海地区的蒙古族受藏族文化影响较深。

　　蒙古族服饰,男女皆穿较宽大的斜襟长布袍和皮袍,袖口窄,呈马蹄形。男装领口向外翻出,衣边有水獭皮和织锦滚边。男女均系红、绿绸腰带。男性腰间佩刀,脚穿长靴。已婚妇女梳两条辫子,分别装入辫套内,垂于胸前。姑娘将头发编成为若干小辫,总为一辫,垂于脑后,装入辫套内,上缀银牌或银元、铜钱

四、蒙古族

等饰物。由于长期与藏族交错居住,男袍与藏袍无多大区别。妇女戴珊瑚、玛瑙、翡翠项链。青年男女喜欢金、银、宝石、象牙或玉制的手镯、戒指及耳环。

饮食方面,史书以"游牧民族四季出行,惟逐水草,所食惟肉酪"来形容游牧生活形成的饮食习惯。烤肉、风干肉、手抓肉、奶制品、青稞炒面均是蒙古族家常的食品。在农区、半农半牧区,蒙古族与汉族杂居,饮食习惯逐渐与汉族大体相同。蒙古族农户都保留了牧区的好客习俗,来客人要先敬茶,不砌茶为不恭,而且以满杯酒、满杯茶为敬。

在民族传统文化方面,"好力宝"是蒙古族中流传很广泛的一种演唱形式。马头琴是最有特色的民族乐器。

蒙古族的住房大都是圆形的蒙古包。受藏族文化影响,青海个别地区也使用黑色藏式牛毛帐篷。

蒙古族近亲不通婚。丧葬习俗各地不尽相同,牧区一般实行火葬或天葬(野葬)。天葬有固定地点。农区大多实行同汉族一样的土葬。

蒙古族的节日往往与祭祀结合在一起,在传统的节日里同时举行祭祀。春节称为"白节",在过"白节"时蒙古包前悬挂红布条,穿节日服装,全家欢聚,置供品,祭祖先,请喇嘛诵经,各寺庙举行法会,骑马到亲友家做客。农区杀猪宰羊,供佛,并建旗杆,上挂红布,下方安风车,迎神,互访亲友祝贺节日。祭鄂博(敖包)也是蒙古族的节日,一般在春、秋举行,远近蒙古人骑马赶车前来参加。那达慕大会是蒙古族最重要的民间节日,每年农历七八月间举行,届时蒙古族的男女老少身着盛装,聚集在大草原上,举行赛马、摔跤、射箭、赛骆驼等活动,人欢马叫,歌声悠扬,气势宏大,热闹非凡。

93. 弓箭　元代

弓长径136厘米，短径68厘米；箭长110厘米。

1956年在海西州都兰县柴达木盆地诺木洪农场第二作业站发现。箭杆竹制，尾部设羽。羽的形式各有不同，有的直线，有的呈螺旋状。每支箭的形式各异，精致锋利。从形式上看主要有三种：一种为柳叶形箭头，另一种为菱形箭头，第三种为铲形箭头，具有不同的功用。这把弓箭的出土，说明柴达木盆地辽阔无垠的原野，也曾是元代蒙古勇士们横刀立马，纵横驰骋的地方。

95. 至元通行宝钞　元代

长28厘米，宽20.5厘米。

1956海西州都兰县诺木洪农场出土。至元通行宝钞，用桑皮纸制造。此钞面额为"贰贯"，字下印有钱串图案，"贰贯"两旁印有八思巴文各一行，左书"中统元宝"，右为"诸路通行"。钞面上下各有一八思巴文官印。该件纸币和前面弓箭同出于一具蒙古武士干尸上。

96. 札萨克银印 *清代*

高10厘米，边长10.5厘米。

"札萨克"是蒙古语音译，意为"支配者"、"尊者"。是清代蒙古族地区旗长的称呼。此印系蒙古札萨克旗的旗印，呈方形，虎形印纽，印体宽大厚实，稳重感极强，加之以虎为纽，给人以震慑。从印的铸造及其造型也可窥见清政府对蒙古族管理的决心以及实现边疆稳固的信心。此印即青海蒙古二十九旗旗印之一，是清朝政府管理青海蒙古各部，以及蒙古各旗在青海住牧的历史见证，为研究清代青藏地区民族关系、政治制度提供了宝贵的实物资料。

99. 铜嵌珊瑚戒指 清代

高4厘米。

蒙古族男女手饰，以戒指为常见，一般在金属基座上嵌有珊瑚或松石等。这件马鞍形戒指，上嵌一颗红珊瑚，外廓有锤揲连珠纹及多种图案，精致美观。

100. 耳环 清代

高4厘米。

蒙古族耳环多为金、银、铜质，且大多镶嵌翡翠、玛瑙、珊瑚、玉石和垂挂松石耳坠，有的外环上还另饰花形。此件耳环，铜质，菱形基座，上嵌红珊瑚和绿松石，做工精细。

101. 辫饰　清代

长85厘米，宽22厘米。

由玛瑙、珊瑚、绿松石串连起来，逐层间隔固定在打底布上，上窄下宽,下端密缀有红色穗子。此辫饰
古朴、华贵，是极为少见的蒙古族妇女的古老辫饰。

102. 铜奶茶桶 *清代*

    高42.5厘米，口径20厘米。

    铜质，圆筒形。上部做成花式，似五叶冠流，带有折叶盖，双把手。做工精湛，美观大方，具有浓郁的民族特色。

103. 铜火锅　清代

　　高53.3厘米，腹径47.8厘米，底径33.5厘米。

　　圆形，高镂空底座，鼓腹，中间有一火筒，内呈圆槽形，左右各有半圆形提环，由龙铺首固定，带盖。盖及器身线刻有精美的花纹图案，雕刻精美，纹饰繁缛，层次清楚。火锅形体大而气派，具有浓厚的民族风格。

104. **铜扁壶** *清代*

高37厘米，宽45厘米。

呈扁圆形，镂空底座,扁圆壶身，筒状口,长曲嘴，龙形执柄。壶面上有错金图案.做工精巧，纹饰精美，民族特色鲜明。

105. 铜龙首马蹬　　*清代*

　　高16.6厘米，宽14.5厘米。

　　马是游牧民族日常生活中必不可少的交通工具，无论是放牧或远足都与主人相伴相随。俗话说"好马配好鞍"，因此在马具的配制上，无论是材料、形制、工艺等方面都显示出主人的身份地位。此件龙首铜马蹬，龙首气度不凡，镂雕繁复精美，动静相和，显得极为珍贵.

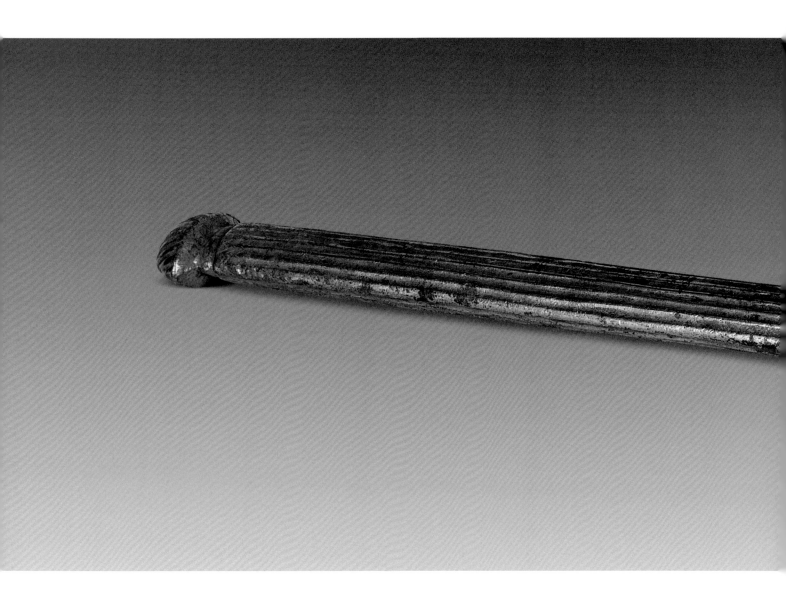

106. 铁信筒　　*清代*

　　长37厘米，宽3厘米。

　　铁质，筒状，分上下两段，錾有条形纹饰，是古代骑马传递信息的用具。

107. **蒙古族女式皮靴**　民国时期

　　长24.5厘米，高33厘米。

　　皮底，皮面，靴帮由红、黄、蓝、彩色皮革缝制，靴尖上翘。靴筒用白色皮革缝制，上用黄色皮革剪贴云纹图案，靴筒口则以绿色、黄色、红色皮革交替缝制压边。靴子内衬为白布。色彩搭配合理，做工精细。

108. 蒙古族男式皮腰带　民国时期

　　长130厘米，高6厘米。

　　皮质，皮带上铆有五个圆形和两个长方形饰片，饰片上錾有相对称的龙凤图案，上嵌两个绿色和一个红色料珠，边缘饰联珠纹。皮带扣用黄铜制成，并錾有精美图案，是典型的民族特色腰带。

109. 铜背水桶　民国时期

　　高51厘米，宽36厘米，厚20厘米。

　　铜质，呈扁圆形，桶侧面各有两个小洞，可穿绳子，桶外有木架将其固定，便于背水或路途休息放置。造型古朴别致，具有浓郁的民族特色。

110. 男式服饰 *近现代*

　　蒙古族男式服饰一般斜襟长
袍，袖口窄，呈马蹄形，领口向外
翻，衣边饰有各种质地颜色的花
边，腰系各色绸带，佩刀，脚穿
长筒靴子。我馆收藏的这件蒙古服
饰，蓝色织锦，用红色织锦缎和水
獭皮滚边，腰系红绸带，佩刀，头
戴黑色礼帽。这种服饰是参加节日
所穿的盛装。

111. 蒙古族女式服饰 *近现代*

　　蒙古族妇女服饰由长袍，腰带，首饰等组成。该服饰蓝色织锦，由红色织锦缎和水獭皮滚边，腰系黄色绸，头戴礼帽，颈饰米拉串珠。穿时将袍子向下拉展，以显身材苗条，是节日盛装。

112. 蒙古族女式帽　现代

　　高28厘米，直径22厘米。

　　尖顶状，帽沿呈马蹄形，上饰有料珠和剪贴云纹，帽沿下部缀有料珠穗子，两耳边较长，帽顶饰有红平绒盘的钮，内衬缎子，是蒙古族妇女现代帽饰。

五、回 族

回族是青海少数民族中历史较为悠久、人口较多、分布较广的一个民族。目前，全省回族人口约83，0000余人，占青海人口总数的14.83%，主要分布在省内东部和东北部地区的西宁、门源、化隆、大通、民和、循化、湟中、平安、贵德、祁连、乌兰和尖扎等市、县，其他州、县也有少量分布。建国以后，青海省在回族聚居比较集中的地区成立了民族自治县，如门源回族自治县和化隆回族自治县等。

青海回族的形成较为多元，它以伊斯兰教信仰为纽带，经过数百年迁徙定居、融汇组合，于元末明初形成。

回族以汉语汉文为交际语言文字，以伊斯兰文化为核心形成了共同的心理素质和风俗习惯。

在回族聚居区都建有清真寺，主要用来举行宗教活动，同时也是进行宗教教育、传播宗教知识的学校。传统上清真寺以汉式古典建筑为基本形式，以伊斯兰宗教需要为基本布局，如今大多为阿拉伯式建筑风格。

过去，回族服装大体与汉族相近，但在头饰上仍保留着古老的传统。回族男子一般戴白色无沿小帽，表示清洁不染；妇女一般戴"盖头"，遮住两耳、脖子和头发，只将面孔露出。

回族人以面食为主，讲究茶饭水准，被青海其他民族所称道。另外以蔬菜、肉食为副食。肉食有牛、羊、驼 等偶蹄动物，不食马、驴、骡、狗肉等，也不吃动物的血和自死之物，尤其禁食猪肉。

回族有三大节日，即开斋节、古尔邦节、圣纪节，这些都是宗教节日。

多元文化孕育的青海回族人民勤劳勇敢，聪明智慧，具有较强的适应性和开拓进取精神，能耕能牧，能商能工。他们和兄弟民族一起，筚路蓝缕，艰苦创业，为开发建设青海，维护国家统一，做出了重要贡献。

115. 阿文铜香炉 明代

高11厘米，腹径12.7厘米。

铜炉是明代铜制品中一种重要的器具。明清时期香炉不仅是祭祀祷告的用具，也是文人雅士书案上不可或缺的陈设品。这件明代香炉为紫铜质，炉的底部铸有"大明正德年制"楷书款识。炉身有开光式浮雕阿文，内容为伊斯兰教赞词。明代正德皇帝笃信伊斯兰教，因此在当时带有这种伊斯兰教赞词的器物非常盛行。

116. 铜暖手炉　*清代*

　　直径25厘米，高10厘米。

　　暖手炉又称"袖炉"、"捧炉"、"火笼"，是旧时从宫廷到民间普遍使用的取暖工具。这件暖手炉由炉身、炉盖和提梁组成，用时放些木炭，点燃后通过炉身散发热量达到取暖的目的。

117. 木食品模具　民国时期

　　长33厘米，宽5.8厘米，厚3厘米。

　　食品模具即制作点心的模子。回族的点心品种繁多，味香色艳，是回族食品中的一绝。色彩各异，形状缤纷的点心就是用这种食品模具做成的。模具采用硬木制成，刻工细腻，线条流畅。

118. 瓷汤瓶　民国时期

　　高20.5厘米，底径10厘米，口径5厘米。

　　白瓷汤瓶。回族认为流水比盆洗干净，所以洗嗽常用汤瓶。汤瓶有盖、把和流，为穆斯林家庭所必备。早期常用铜、瓷质的汤瓶，后来出现了铝质，现在也有用塑料制作的。

119. 砖雕　民国时期

　　砖雕是回族民间艺术中一朵娇艳多姿的奇葩。它用浅浮雕、高浮雕、圆雕、透雕等多种技法，在方形黏土块上雕刻出山川、树木、花卉、果实、阁楼、书砚等各种图形，入窑烧制成青砖式样，再拼接成完整图样。砖雕构图严谨，多种技法综合运用，雕镂精细，图形生动，具有极强的想象力和表现力，是回族在建筑艺术上的重要贡献之一。

120. 木经架　现代

　　长34厘米，高18.5厘米。

　　经架是为了对古兰经表示尊敬与方便阅读经书而设置的台架，可供放置大小不同的古兰经书，便于长时间阅读。制作工艺颇具巧思，经架可折叠收放。经架通常是用木头雕刻制作而成，多装饰丰富的几何图案和花纹。除家庭日常摆放外，亦是清真寺内的陈设品之一。

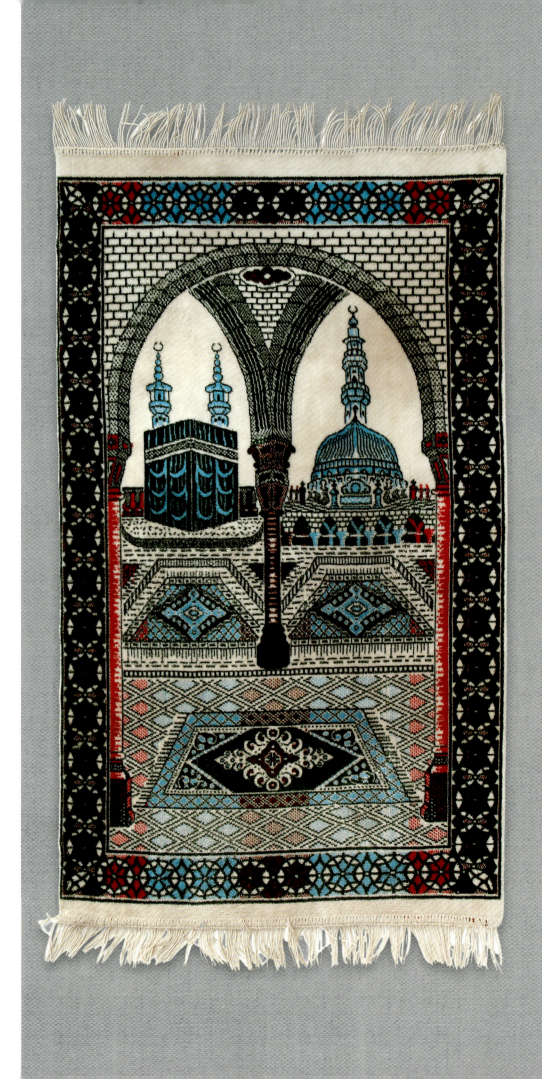

136

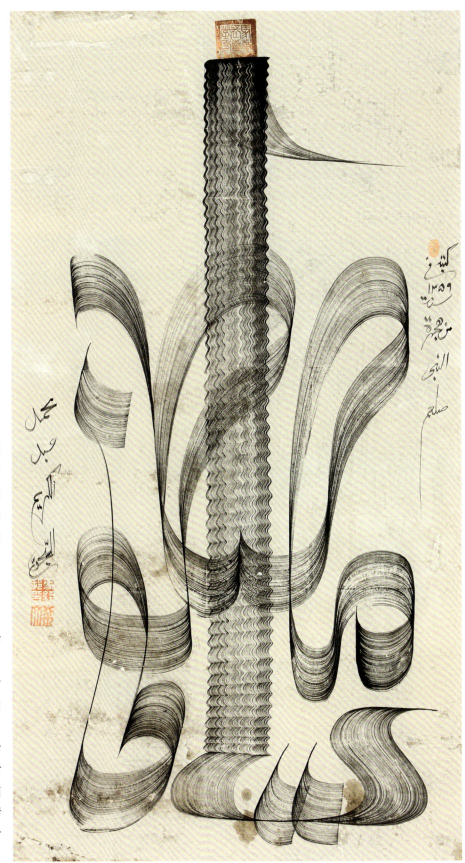

121. 毛织拜毯　现代

长125厘米，宽66.5厘米。

拜毯是回族群众做礼拜时用的毯子。做礼拜时穆斯林全身沐浴干净后，脱下鞋子，面向圣地麦加，站或跪于拜毯上向主祈祷。拜毯是每个穆斯林所必备的用品，以前用毡，现在用毯。

122. 阿文书法中堂　现代

画心长143厘米，宽73.7厘米。

在回族居民的家中，常挂有阿文书法条幅。阿拉伯书法历史悠久，书体繁多，流行地区较广，是世界上为数不多的书法艺术之一。伊斯兰教传入我国后，阿拉伯语及阿拉伯文书法也随之传入，并在信仰伊斯兰教的十个民族中流行。

123. 四扇屏　现代

　　长106厘米，宽36厘米。

　　四扇屏即由四组绘画或书法条幅组成，通常悬挂在正房。屏条之间的绘画、书法内容有一定的联系。回族禁忌动物绘画，无论刺绣还是绘画都以花草植物为主，这幅四扇屏主要绘有菊花、牡丹和仙桃等。图案生动，色彩明亮。

124. **木提梁盒**　近现代

高38.5厘米，直径27厘米。

木质红漆圆形提梁盒，由提把、盒身、盒盖组成。提梁盒是古时用于送饭、送礼的常用器具，在我国使用已有上千年的历史。回族的饮食文化较为丰富，常在斋月有送点心的习俗，这件提梁盒就是用来装点心用的。

125. 瓷盖碗　现代

通高11厘米，口径11厘米。

所谓"盖碗"，由茶盖、茶碗、茶船子三部分组成，故又称盖碗为"三炮台"。回族家里常以盖碗茶来招待贵客。在盖碗里一般放有桂圆、冰糖、红枣、绿茶等，俗称"伙食"。喝茶时一手托住碗底，一手拿着盖子不停的刮着碗里的"伙食"，让碗里的"伙食"尽快融化，喝起来香甜爽口。

126. 缠头布　现代

　　回族除了戴白帽外，也有用白、黄两色毛巾或布料缠头的，故有"缠头回回"之称。相传穆罕默德在早期传播伊斯兰教时，头缠"戴斯他勒"（波斯语音译）做礼拜。缠头布长度一般为3到4米。缠头时有许多讲究，前面只能缠到前额发际处，缠巾的一端要留出一肘长吊在后背心，另一端缠完后压至后脑勺缠巾层里。

　　过去回族缠头布的较多，现在多数回族群众习惯戴白帽，只有清真寺里的阿訇、满拉等还沿习这一习俗。

127. 顶帽 现代

口径20.4厘米，高8厘米。

顶帽是回族男子的一个重要标志，一般都是白色，因为白色象征着清洁干净，体现了伊斯兰教的宗旨。从形状上顶帽分两种：一种是平顶的，一种是六棱形的。从色彩上顶帽分黑色和白色，也有在黑色和白色上绘制各种图案的。顶帽旨在遮住头发，干净卫生。

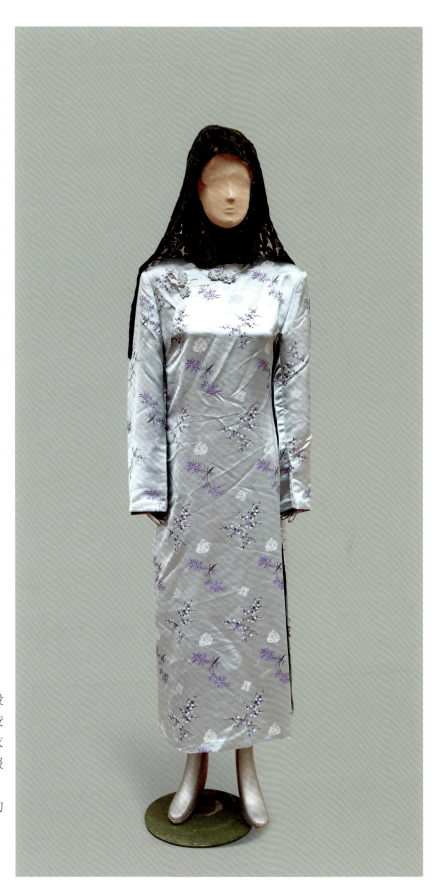

128. 女式大襟长衣　现代

　　回族妇女的传统服饰样式一般
都为大襟衣服，在装饰内容上比较
丰富。少女和已婚妇女很喜欢在衣
服上镶嵌、滚边等，有的还在衣服
的前胸、前襟处绣花，色彩鲜艳，
形象逼真，装饰起到了画龙点睛的
作用。回族女装都是右边扣扣子，
右开襟，扣子是用布料做的盘扣，
样式比较独特。

129. 坎肩　现代

长69厘米，宽55厘米。

坎肩是回族男子服饰的一个重要组成部分，表现了回族简朴、大方的民族特点。它也是我们常说的"裌裌"，有长短之分。回族男女都喜欢穿坎肩，特别是男子在雪白的衬衫上套一件对襟深色坎肩，黑白对比鲜明，清新、干净、文雅。根据不同季节，坎肩有夹、棉、皮之分。

130. 盖头　现代

长59.5厘米，宽52.5厘米。

盖头是回族妇女的一个重要标志，分绿、黑、白三种颜色。姑娘带绿色盖头，象征朝气蓬勃，充满活力。已婚妇女带黑色盖头，象征沉着稳重，通达老练。老年妇女带白色盖头，象征朴实自然，纯洁无暇。盖头旨在盖住头发、耳朵、脖颈。回族认为这些部位是其羞体，必须全部护严。这也是伊斯兰教当中的一个习俗。

131. 绣花鞋　近现代

长22.3厘米。

回族刺绣作为一种手工技艺，传承已久，大多是在布和缎子上用丝线绣上花卉、蜂蝶和一些几何图案。针法娴熟，色彩艳丽。绣花鞋除自己穿用外，妇女们还常将它作为定情之物赠予自己心爱之人。

132. 绣花袜子　现代

　　长24厘米，高21厘米。

　　主要讲究袜跟和袜底，遛跟袜大都绣花，袜底多制成各种几何图案，也有绣花的。回族、撒拉族刺绣讲究高雅、秀丽，针法精巧飘逸，绣品精美淡雅。因受伊斯兰教的影响，绣花很少用动物图案，而以植物花卉为主。

133. 针扎　现代

　　两个针扎分别长8厘米（左）和9厘米（右）。

　　针扎是回族妇女喜欢佩戴的一种集实用与装饰于一体的物件。将绣花针插别在针扎上，并挂在衣服前襟，一是美观好看，二是便于随时缝纫和刺绣使用。针扎的造型有圆形、椭圆形、如意形、石榴形等。针扎上的刺绣图案有花卉、果实、山水，以及吉祥语等，品相美观，色彩艳丽，漂亮实用。

134. 刺绣枕顶 现代

　　长17厘米，宽17厘米。

　　刺绣枕顶多用作长方形枕头的两端，用黑布或彩绸作底子，上面用五彩丝线绣花卉、景物等，题材十分广泛，图案具有吉祥的寓意。

135. 银戒指 现代

　　回族戴戒指的讲究与汉族的讲究相同，戴无名指表示已婚，戴中指表示没有对象，戴小指表示已有对象但未婚。戒指作为女性婚嫁时的标志性定情物，以金戒指为主，也有银的。

　　循化县是我国唯一的撒拉族自治县，被称为"撒拉族之乡"。撒拉族自称"撒拉尔"，在汉文史籍中还有"撒拉儿"、"沙剌"、"撒剌"等多种写法，因信仰伊斯兰教，又被称为"撒拉回"，当地其他民族称之为"撒拉"。

　　撒拉族是中国信仰伊斯兰教的少数民族之一，宗教对其历史发展和政治、经济、文化等各方面都有较深的影响。撒拉族主要聚居在我省东部的循化县境内，少量分布在化隆县和甘肃的积石山县，是古代西突厥乌古斯部撒鲁尔的后裔。元朝末年，其先民从中亚撒玛尔罕经新疆、河西走廊长途跋涉辗转迁徙到青海省循化县，后与周围的藏、回、汉、蒙古等民族长期相处，逐渐形成了今天的撒拉族，至今已有700年左右的历史。撒拉族人口数为107000余人,占青海人口总数的1.90%。撒拉族有自己的语言，但无文字，通用汉文。撒拉语属阿尔泰语系突厥语族，吸收了不少汉语和藏语词汇。

　　撒拉族是一个勤劳、勇敢、强悍、智慧的民族。主要从事农业。他们居住的地方被誉为"瓜果之乡"，其中培育的花椒和线辣椒享有盛誉。同时，撒拉族也是一个酷爱艺术的民族，特别喜欢歌舞，流传至今的有"骆驼舞"、"花儿"、"撒拉曲"、"宴席曲"等，内容生动活泼、曲调旋律优美、节奏明快，具有独特的情调。民族古乐器则保存着

"口弦"，它是中外乐器中体积最小的一种。一般用铜或银制，形似马蹄。

撒拉族的婚丧、嫁娶、节日等习俗因受伊斯兰教影响，大体和回族基本相同。

撒拉族婚姻形态为一夫一妻制，实行家族外婚。近亲家族"阿格乃"和远亲"孔木散"之间禁止联姻。过去婚姻的缔结全凭父母之命，婚礼由阿訇主持，还有"挤门"等习俗。如新娘在娘家人簇拥下要强行入屋，而新郎家闭门要礼钱，互相在门口推挤，俗称"挤门"；"哭嫁"，即新娘哭唱着走出家门；"摆针线"，即新娘到新郎家要出示针线活等等，都是婚礼的重要习俗。

撒拉族信仰伊斯兰教。丧俗一般实行速葬、土葬，不用棺椁。

撒拉族传统服饰，男子头戴无檐白色小圆帽或黑色六牙子帽，外套"白布汗褡青袄袄"，腰系红布带或红绸带，短衣宽，长衣窄。老年人穿长衣衫，撒拉语称为"冬"。做礼拜时头缠"达斯达尔"，一种长约数尺的白布。撒拉族妇女喜欢色泽艳丽的大襟花衣服，外套黑色坎肩，喜欢佩戴长串耳环、戒指、手镯、串珠等手饰。受伊斯兰教文化影响，妇女普遍戴"盖头"。

撒拉族饮食以小麦为主食，辅以青稞、荞麦、马铃薯和各种蔬菜。风俗食品"比利买海"，又称"油搅团"。逢年过节或贵宾迎门，则以炸油香、搓馓子、做油搅团、手抓羊肉、蒸糖包等庆贺节日或招待客人。奶茶和麦茶是颇受撒拉族男女老幼青睐的饮料。家家都有火壶和盖碗等茶具。肉食以牛、羊、鸡肉为主，禁食猪、狗、骡、马、驴等肉，忌食一切动物的血和自死之物，禁烟酒。

房屋建筑以土木结构平顶式建筑为主，住房四周以土墙围成"庄廓"。屋内墙壁上喜欢张贴阿拉伯文"库法体"书法，显得素雅、庄重。在院墙四角顶上，常放置着白石头，这与当地藏族习俗相同。

撒拉族热情好客，讲究礼节，彼此见面，互道"色兰"问安（"色兰"，阿拉伯语"和平""安宁"之意）。做客吃馒头时，要把馒头掰碎吃，切忌狼吞虎咽。撒拉族十分敬重"舅亲"，认为"铁出炉家，人出舅家"。撒拉族人做礼拜时，禁止行人在面前走过；忌在水井、水塘附近洗涤衣物，与人对面谈话忌咳嗽、擤鼻涕。

现藏于循化县博物馆的手抄本《古兰经》，距今有1300多年的历史。是见证我国撒拉族历史和文化的重要文物。这部《古兰经》版本在世界上仅存三部，尤显其珍贵。

136. 铜火盆 清代

　　长55.5厘米，宽55厘米，高12.5厘米。

　　盛炭火用的盆子，用来取暖或烘干衣物。这是一件铜制方形火盆。由于西北地区天气比较寒冷，家中除了烧火炕御寒之外，人们还使用火盆来取暖。农家做早饭烧开锅后，就把灶膛里的火扒在火盆里压实，然后将火盆放在炕上。房间里有一盆火，既可烤手又暖屋子，妇女在烫衣服时还可以用来烧烙铁，可谓"一盆多用"。

137. 铜水壶　清代

　　高21.2厘米，口径9.5厘米。

　　铜水壶是撒拉族人民常用的一种生活用品。由壶盖、壶身、壶把和壶嘴构成。器物下半部圆孔内专门
用于放置已点燃的木炭，供烧水用。

138. 木升 *清代*

　　长28厘米，宽28厘米，高13.5厘米。

　　传统计量粮食的器具。木制，方形或长方形，底小口大，口部有一横木提梁，一般一斗十升，每升约十五市斤。过去农村普遍使用这种木升作计量容器使用。

139. 铜口细　民国时期

长4.5厘米，宽1厘米。

"口细"是撒拉族唯一保存至今的一种古老的民间乐器。它小巧玲珑，长不过一寸，重不到一钱，在古今中外的各种乐器中，大概要算是体积最小的一种了。"口细"的构造比较简单，将一根火柴粗的红铜丝(或白银)弯曲成马蹄形状，中间嵌一根极薄极细的黄铜片，尖端变曲。靠舌尖拨动或夹在牙缝中用指弹拨发音，以收敛嘴唇的大小和吹气的强弱，调节音量和掌握音符。

140. 陶埙　民国时期

厚6.5厘米，直径8厘米。

陶埙撒拉语称为"帕力恰合敲尔"，它是用黏性较强的红土和成泥，再捏成两片喇叭花形状，然后将两片边对边粘拢在一起，不留缝隙，在合缝处戳开一小气孔，正面再开二到四个发音小孔，晾干或烘干后就可以吹奏了，形似我国古乐器——埙。

141. 牛角火药袋　民国时期

　　长28厘米，宽8厘米，厚4.9厘米。

　　这是一串用牛角制成的火药袋，打猎时专门用来装填火药。这件火药袋反映了撒拉族除农耕外，还从事渔猎等经济活动。

142. 羊皮筏子　民国时期

　　长216厘米，宽148厘米。

　　羊皮筏子古称"羊船"，是黄河上游撒拉族、回族、东乡族、土族等民族的传统水上交通运输工具。流行于青海、甘肃、宁夏等地的黄河沿岸。其制法是用木棍编扎成为排，下栓数个、数十个羊皮囊。使用时皮囊在下，木排在上，可乘人、可载货。皮筏子按制作原料又可分为羊皮筏和牛皮筏。撒拉族至今还保留着驾驶羊皮筏子渡黄河的习惯。羊皮筏子多用山羊皮制成。

143. 铜灯盏　近现代

通高22厘米，底径10厘米。

铜质灯盏由底座、托盘、灯柱、灯盏四部分组成。在没有发明电灯时，古人都是用灯盏来照明的。灯盏主要以植物油为燃料，将植物油放入灯盏内，一般将捻的线或棉花作为灯芯，将灯芯点燃慢慢燃烧照明。

144、145. 石骆驼　现代

　　上图：馆藏品；下图：循化县街子村骆驼泉。

　　这件石雕骆驼，是撒拉族圣泉骆驼泉的象征。骆驼泉位于循化撒拉族自治县积石镇西4公里的街子村清真大寺附近，虽然是一泓不大的清泉，但却是撒拉族的一处圣迹。该泉与撒拉族的历史有关。民间传说，撒拉族的祖先原是居住在中亚撒玛尔罕的一个小部落，为首的头人是兄弟俩，名叫尕勒莽和阿合莽，在群众中威望很高。后因遭国王忌恨而被迫离开家园，他俩带着同族的18人，牵了一峰白骆驼，驮着故乡的水土和《古兰经》向东寻找新的乐土。一路上，他们经过天山，过嘉峪关，绕河西走廊，渡黄河，辗转来到积石山下，不料黑夜中走失了白骆驼。第二天，他们在循化县街子东面的沙子坡发现一眼清泉，走失的白骆驼已化为白石卧在泉边，于是便在这里居住下来，并将这个清泉起名为"骆驼泉"。骆驼泉被撒拉族视为圣泉，在撒拉族文化中占有重要的位置。

146. 男子服饰　现代

　　这是一款普通的撒拉族男子服饰。成年男子头戴无檐白色小圆帽，上穿白色衬衫，外套黑色坎肩，下穿黑色长裤，短衣宽，长衣窄。冬季时节则穿皮袄，脚穿布鞋或用牛皮制成的"洛提"。在色彩上男子以白、黑为主，忌讳红、黄色以及花色繁杂的服饰。

147. 坎肩儿　现代

　　长91厘米，宽67.5厘米。

　　绿色女式坎肩，边缘用金丝线装饰，无袖，无领。撒拉族妇女的"坎肩儿"可谓五颜六色，色彩亮丽，搭配得当。冬天一般穿羊皮（或羔皮）坎肩。

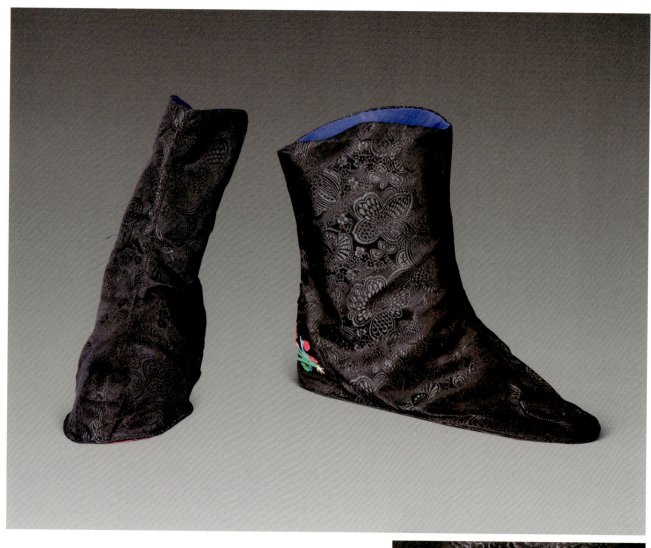

151. 绣花布袜子　现代

长26厘米，高23厘米。

袜子，撒拉语叫"吉杰合实思"。用黑蓝布料密密缝成袜底后，用各色丝线在袜底绣上梅花、牡丹、葡萄等花卉图案，黑底红花，色彩鲜艳，针脚细密，颇具匠心。脚后有"凸"形的绣花袜跟。此种袜子在婚礼"摆针线"时女方一定要向男方家人赠送。

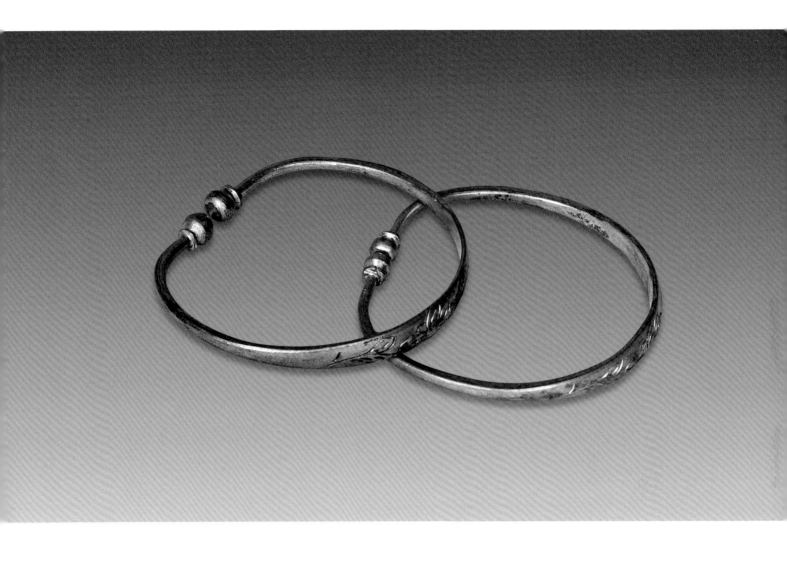

152. 银手镯 现代

　　直径7.5厘米。

　　银手镯，撒拉语叫"盘吉日答痕"。撒拉族妇女常以戴一副银手镯而自豪。手镯在送宝茶时下聘赠
送，也有丈夫结婚后以此作为夫妻的信物而赠与。

参考文献

1. 青海民族学院民族研究所编《青海少数民族》，青海人民出版社，1987年。

2. 安廷山主编《中国民族民俗博物馆概论》，紫禁城出版社，2009年。

3. 首都博物馆编著《多彩中华》，北京出版社，2009年。

4. 青海民族学院民族研究所编《土族族源讨论集》，青海民族学院民族研究所编印，1982年。

5. 中国社会科学院等主编《青海民族史入门》，青海人民出版社，1987年。

6. 王昱、聪喆主编《青海简史》，青海人民出版社，1992年。

7. 青海省志编纂委员会编《青海历史纪要》，青海人民出版社，1987年。

8. 青海民族学院民族研究所编《西海风情》，青海人民出版社，1995年。

9. 民族知识手册编写组《民族知识手册》，民族出版社，1988年。

10. 林耀华编《民族学通论》，中央民族大学出版社，1997年。

11. 崔永红、张得祖、林常顺编《青海通史》，青海人民出版社，1999年。

12. 青海省文物考古研究所编著《青海考古五十年论文集》，青海人民出版社，1999年。

13. 青海民族学院研究所编《青海少数民族》，青海人民出版社，1987年。

14. 董小卫编《五洲旅游—青海专集》总第180期，2007年。

15. 青海省艺术研究所《青海民族民间文化》，陕西旅游出版社，2004年。

16. 《中国少数民族简史丛书》修订编辑委员会《蒙古族简史》，民族出版社，2009年。

17. 《青海风物志》，青海人民出版社，1985年。

18. 陶红编《回族服饰文化》，宁夏人民出版社，2003年。

19. 韩英编《原始宗教与原始艺术》，青海人民出版社，2008年。

20. 冶福龙《高原之子》，青海人民出版社，2010年。

后 记

  青海自古就是一个多民族聚居地区，从史前时期的羌、戎、胡先民，到汉以后的汉、鲜卑、吐蕃、蒙古、突厥等部族，在江河源这块神奇的土地上共存发展，交流融合，演出了一幕幕波澜壮阔的历史剧。元代以后，这些古代民族演变定型成为今天的汉、藏、土、蒙古、回、撒拉等六个世居民族。了解青海各民族不同的历史发展过程，就是了解青海历史的过程。因此，青海省博物馆、青海民族博物馆组织编著了这本《青海民族民俗文物集》，试图通过节庆、宗教、民居、服饰、饮食、生产生活用具等诸方面的介绍，反映青海各个民族的历史演变、文化习俗、民族特点等。

  本书中概述及土族部分由李琪美执笔。汉族、藏族、蒙古族部分由岳永芳执笔。回族、撒拉族部分由韩英执笔。王国道通纂审修全书，祝君审定。图录内收录的一些民俗图片，由蔡征先生提供，在此表示感谢。

  由于水平有限、经验不足，编著中存在的很多不足之处，敬希专家学者指正。

青海省博物馆

青海民族博物馆

2012年7月

封面设计　张希广

风景摄影　李克能

责任印制　王少华

责任编辑　李克能　张广然

图书在版编目（CIP）数据

河湟藏珍．民族民俗文物卷 ／ 青海省博物馆，青海
民族博物馆编著．-- 北京 ：文物出版社，2012.10
　　ISBN 978-7-5010-3575-5

　　Ⅰ．①河… Ⅱ．①青… ②青… Ⅲ．①历史文物－青
海省－图录 Ⅳ．①K872.440.2

中国版本图书馆CIP数据核字(2012)第232217号

河湟藏珍·民族民俗文物卷

编　　著　青海省博物馆　青海民族博物馆

出版发行　文物出版社
社　　址　北京市东直门内北小街 2 号楼
邮政编码　100007
网　　址　www.wenwu.com
邮　　箱　web@wenwu.com
制版印刷　北京图文天地制版印刷有限公司
经　　销　新华书店
开　　本　889×1194毫米　1/16
印　　张　10.75　插页1
版　　次　2012年10月第1版
印　　次　2012年10月第1次印刷
书　　号　ISBN　978-7-5010-3575-5
定　　价　210.00元